我的入班故事

WO DE RUBAN GUSHI

王善红 主编

山东教育出版社
·济南·

图书在版编目（CIP）数据

我的入班故事 / 王善红主编 . -- 济南 : 山东教育出版社，2023.12（2024.9重印）

ISBN 978-7-5701-2789-4

Ⅰ. ①我… Ⅱ. ①王… Ⅲ. ①班主任工作－文集 Ⅳ. ①G451.6-53

中国国家版本馆CIP数据核字（2023）第239053号

WO DE RUBAN GUSHI

我的入班故事 王善红 主编

主管单位：山东出版传媒股份有限公司
出版发行：山东教育出版社
地址：济南市市中区二环南路2066号4区1号 邮编：250003
电话：（0531）82092660 网址：www.sjs.com.cn
印　　刷：山东华立印务有限公司
版　　次：2023年12月第1版
印　　次：2024年9月第2次印刷
开　　本：880毫米×1250毫米 1/32
印　　张：11.5
字　　数：240千
定　　价：59.80元

（如印装质量有问题，请与印刷厂联系调换）印厂电话：0531-76216033

编委会

序

最美的角落

临沂市平邑县位于沂蒙山腹地，历史悠久，人杰地灵。平邑县在西周属颛臾国，距今已有3000多年的历史，孔子“七十二贤”中的曾子、原宪、仲由、澹台灭明，近代爱国将领左宝贵等一批在历史长河中熠熠生辉的巨贤都诞生在这里。改革开放以来，广大平邑人民在“九间棚精神”的感召下踏步向前，实现了各行业的飞速发展。平邑县实验小学教育集团自2014年成立以来，一直秉承“惟一·唯美”“助人做最美的自己”的育人理念，身先士卒，锐意进取，人才辈出，成绩斐然，引领县域教育的高质量发展。

一、源起

“入班办公”的措施并非实验小学教育集团（以下简称“集团”）首创，清华附小、山大附中小学部等闻名遐迩的学校皆有此举。2014年，我担任集团副校长兼城东校区执行校长时，根据当时的实际情况，曾尝试过推行“入班办公”。城东校区是新建校区，日常事务琐碎且细致，外加集团主校区正处于语文主题学习实验的关键时刻，导致该项措施并未实现落地，但种子已在悄然生根。

随着集团日益发展壮大，班级日常管理中的各种问题开始显现出来，挡住了高质量发展的道路。集团的教育改革已经到了深水区，然而目前的发展态势已经不能完全满足社会和家长的要求，面对众多独生子女家庭的家长以及整个社会的教育“内卷”现象，我思忖良久：教师该如何关爱孩子？学校又该如何发展？家校以什么样的状态合作最为舒适？核心素养的落地又需要搭载怎样的载体？

2018年《教育部办公厅关于开展“三全育人”综合改革试点工作的通知》文件提点了我，文件的提出标志着全员育人、全程育人、全方位育人的“三全育人”建设迈入以点带面的示范阶段，也为集团改革发展提供了高屋建瓴的政策引领。于是我果断召开会议，研究班主任“入班办公”措施的具体落实，力争让每一位班主任走近学生身边，走进学生心灵，发现每一个学生的“惟一·唯美”。

二、权衡

志不求易，事不避难。任何一项行之有效的措施推行之前，充分的调研必不可少。因此，我与集团新生态教育发展研究院的同事们夙兴夜寐，付出了巨大努力。我们走遍集团下属的六个校区，调研校区领导班子、中层教干和一线班主任教师对于落实此项措施的态度。更重要的是，我们坐下来与集团各校区班主任代表进行了深入的沟通交流，倾听一线骨干们内心最真实的声音并详细记录下来，为接下来的工作明晰方向，提供坚实的信息基础。

于是，关于落实此项措施的利与弊便得以清晰呈现。有利的方面有以下几点：

1. 班主任“入班办公”可以全天候、全覆盖、无缝隙地了解本班学生的思想和行为动向。

2. 可以及时处理班级里的各类偶发事件。

3. 可以了解学生在课下的活动和表现。

4. 可以了解学生在不同课堂上的表现。

5. 可以严格落实集团及校区各项管理制度。

班主任可以最大限度地参与学生的学习活动，这不是监控，而是陪伴，是参与，是指导。这种办公方式对于刚参加工作的新班主任或刚接手新班级的班主任来说，能彰明较著地提高班级管理效率；对于资深教师来说，也能更加全面地了解学生，从而因材施教，助推孩子们做最美的自己。

当然，该项措施的弊端我们也必须正视：

1. 任课教师堂堂都是公开课，难以适应。

2. 学生时刻在班主任的监控下，不太自在。

3. 学生活动影响班主任的办公效率。

4. 不利于教师之间的即时教研。

以上四点也是调研过程中班主任、任课教师及孩子们反馈最多的担忧。

三、开启

权衡之中，我再次回顾梳理了集团班级发展中出现的各种阻碍教育进步的现象，追根溯源，发现这类问题的产生与解决都离不开“班主任”这一重要角色。当利大于弊时，决定便显得顺理成章。在2023年寒假后开学的第一周，集团内部所有班级统一落实班主任“入班办公”措施，“征途”自此开启。

“入班办公”的校园生活异彩纷呈，我们常常被师生的故事所感动。老师们的眼睛很大，装得下高山大海和孩子们的整个世界；老师们的眼睛又很小，遇到点点温暖和感动，两行泪竟装不下。“入班办公”也让班主任老师们看到了更多的风景：

课上，哪个孩子认真，哪个孩子开小差，哪个孩子想偷偷回头说悄悄话，都被老师尽收眼底。

课下，更是层出不穷的别样风景。

活泼的孩子在教室见不到影儿，平时看着文静的孩子原来在课下也充满了生气。

很多小家伙一下课就挨着老师不停地问这，问那，充满了好奇。

当然也少不了孩子们有意无意送给老师的小物件——一张小贴纸，一个小书签，一颗糖果，或一朵小花……

时间久了，老师在孩子们心中不再那么遥不可及，孩子们会窃窃私语：

“老师也有小爱好嘛！”

“老师的杯子跟妈妈的杯子是同款呢。”

……

礼尚往来，我们的老师也开始走入孩子们之中，见证他们更多天性的释放，还会在他们做得不恰当时给予及时的纠正和指导。

四、成长

不可否认，该项措施落实伊始出现了种种阻碍，上面提及的弊端的情况亦有出现。但“入芝兰之室，久而不闻其香”，好的环境的力量不言而喻。绝大多数思想坚定的班主任引领在前，让剩下的极少数心存疑虑的班主任也转变了思想，坚决贯彻执行。值得赞颂的是，集团几百名非班主任任课教师，他们突破心理桎梏，用持续高水平的课堂呈现辉映着同样辛勤付出的班主任老师们；当然也要表扬我们一万多名可爱的孩子，从最初班主任“入班办公”的新鲜感中抽离之后，他们的优秀表现有增无减，更加良好的行为习惯与优异的成绩携手并肩。

在“入班办公”之前，老师和家长的沟通只局限于孩子在自己课堂上的表现，对其他课堂及课下的情况不甚了解。而现在，教师对孩子有了更全面、深入、系统的了解，跟家长沟通起来也更加高效，摈除了只用单个学科的成绩等级来评价学生的单一性。我们正在叶圣陶先生所说的“为儿童全生活着想”的育人之路上昂首阔步。

入班办公，一切都是成长，有困顿思辨，更有热泪盈眶。第六校区的现场会，第三校区、主校区、文化路校区、兴蒙校区的故事分享，项目组各位同事的精彩报告，让更多老师看到了优秀做法，有了深入思考，从而更好地践行育人教书的使命。同样，集团教研院初期和中期的调查问卷和阶段性报告，也为该项措施的顺利推行增添了更多厚重的砝码。

半年时间转瞬即逝，“入班办公”也早已从对于集团教师来说些许遥远的新名词变成了游刃有余的日常。班级风气的改变，师生关爱的故事，教师专业的成长，家校共育的沟通，孩子视角的情谊……它们如锦簇繁花，盛开在这教育热土的角角落落，它们需要被铭记，它们更需要被发扬。

五、期许

《我的入班故事》这本书共分为五个系列：关爱系列、班风改变、教师成长、家校共育、学生视角。每个系列从不同的视角来展现班主任入班后，在教师、学生、家长等方面发生的变化。

书中的每一个情节均是发生在集团老师与孩子在班主任“入班办公”后的真实故事，他们凝心记录，为自己的教育诗篇留下浓墨重彩的纪念，为自己的教育之路增添厚重笃实的铺垫。

教师最好的办公位置，一定是在教室里，在学生当中。从书中我们能够明晰，在“入班办公”中教师角色明确，首先是一个陪伴者，其次才是一个管理者。师生并肩共同成长，虽会遇喧嚣和藩篱，但亦有更多的诗和远方。

我也有意想让更多的教育同仁看到，因为这些真实、付出、信任、理解和支持，引领着我们心无杂念，踏步向前。

凡是过往，皆为序章。

期许未来，桃李芬芳。

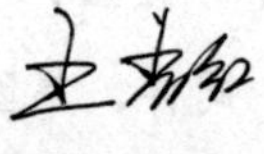

目录

第一章　关爱系列　余味绵长的师生情节

第三章　教师成长　砥砺不息的个人进取

第四章　家校共育　相得益彰的组合教育

第五章 学生视角 标新立异的儿童视界

润物无声 向美而行 ◎刘大勇 / 351

第一章 关爱系列

余味绵长的师生情节

讲师生故事，谱育人新篇。将“入班办公”中的师生情谊进行提取观察，以师者付出助学子之变，用仁爱之心辅花朵启航，助你做最美的自己！

用放大镜看学生的优点

曾凡举

在我17年的教学生涯中，我和我的孩子们经历过喜悦，经历过辛酸，发生了诸多说不完的故事。“入班办公”以后，故事仍在继续。故事不都是完美的，但却能给我以鞭策和启迪。

一、缘分就这样开始了

小吴，是我今年接的一名一年级新生，我们的缘分就这样开始了。刚接班的时候他就总是停不下地跑来跑去，给我留下了深刻的印象，心想：我这个班主任，就是给他一个人当的了。

这是一个异常调皮的小男孩，我甚至一度怀疑他有多动症，别人上课是偶尔开小差，但他是一直开小差，偶尔回过神来学一点儿。对他来说，凳子不是用来坐的。几乎每节课他都跪在凳子上、趴在桌子上，伸着头和前后左右的同学说话，没完没了。课后对同学做恶作剧更是家常便饭：揪女生辫子；往同学铅笔盒里放小虫子；找男生当练武的靶子；在楼道里上蹿下跳，大喊大叫；爬书橱，翻窗户；趁人不注意故意拧开卫生间的水龙头……几乎每节课都有同学给我告状，在我的耳边数落他的种种不是。每到这个时候，我第一反应是气愤，但静下心来之后，我就会想到这样一句话：每个孩子都有闪光的一面，用欣赏的眼光去看他们，你就会爱上他们。于是，在同学们"期待"的目光中，我还是控制情绪，抑制住想批评他甚至揍他的冲动，选择了冷处理。

二、他成了我们班的"活雷锋"

和小吴的家长沟通后，我把这个孩子调到了教室最后一排，和我成了"同桌"。从此，我更方便去关注他的一举一动，进一步观察他的表现。我发现他的行为只是为了引起大家的注意，"刷"一下存在感。其实，他也是一个很善良的孩子。他身上有许多优点，乐于助人、热爱劳动，每次大扫除时，他总是第一个拿起工具投入劳动中，任劳任怨，从不计较。他还很有眼力见，看到老师忙不过来，他总是第一个过去帮老师的忙。

发现小吴的优点以后，我庆幸自己没有把他放到"黑名单"中。但其他同学对他的态度仍然是十分排斥的，甚至很多家长都开始给我打电话，说什么也不让自己的孩子和他做同桌。这个孩子成了我们班的"鬼见愁"。我发现，要想让大家改变对他的认识，光靠他自己是不行了，我必须介入并运用一些"小手段"了。于是，我从他的优点入手，拿着"放大镜"寻找他的闪光点，一经发现，公开表彰。我还在班级里规定，谁发现一个小吴的优点，就让他和小吴一起受表扬。这一下，不得了了，小吴成了我们班的“活雷锋”。

“老师，小吴上课认真听讲了！”

“老师，小吴今天帮数学老师抱作业了！”

“老师，小吴做作业不拖拉了，今天竟然是第一个写完的！”

……

每当有同学表扬他，我都会及时表彰，并借机帮助他树立在同学们心中的形象。

我经常和小吴一起参加劳动，劳动时我有意无意地和他谈谈班里同学的优缺点，听听他对他们的看法，假设一些情境征求他的意见。

慢慢地，大家对他不那么反感了，也愿意和他做朋友了。更令人欣慰的是，小吴越来越自信，缺点越来越少，同学们的告状声也一天天少了。

就这样，时间一天天过去，同学们提起他时已不再是反感的态度。

三、他闪着泪光的双眸

记得有一天语文课上，我发现他精神不佳。下课后我去了解情况，才知道原来他早晨起晚了，为了不迟到，没有吃早饭就来学校了，怕我知道了批评他睡懒觉，带来的零食也没敢吃。我立即去车上拿出一包我女儿的手撕面包，递到他手中，看着他不解的目光，我对他说：“快吃吧！”这个决定仅仅是出于对他的关心，并不是为了感动他而做的。但从他闪着泪光的双眸中，我意识到这个让我“又爱又恨”的孩子确实改变了。

果然，小吴没有让我失望，以后的日子里，他更加勤奋地学习。他的成绩从刚入学时挣扎在及格线上，到现在已经能接近90分了；他写的字原来可以说是不堪入目，经过一段时间的练习，现在也有模有样了。他和同学的人际关系也融洽了许多，同时我发现，这个孩子情商很高，很多话不是他这个年龄段的孩子能说出来的。在餐厅吃饭时，他经常盯着我，只要我一吃完，他总是第一个抢着给我倒餐盘；到餐厅门口时也会第一个帮我把帘子掀开，让我先走，弄得我还挺不好意思的。有一次，他主动找我聊天，和我聊了许多许多，谈到了今后的学习，谈到了梦想，听着他的豪言壮志，看着他成长和进步，我特别欣慰。我坚信，像他说的那样，几年后他会更加出色。

苏联著名教育家马卡连柯说过：“用放大镜看学生的优点，用缩小镜看学生的缺点。”每一个学生都有自己的优点，作为班主任更应当善于捕捉每一个学生身上的闪光点，虽然可能只是一个小小的闪光点，但我们能从这个小小的闪光点里挖掘出埋藏在他内心的大金矿。

在以后的班主任工作中，我会继续用这样一种“润物无声”的教育方法，用爱心、耐心和诚心，走进学生的内心。

孩子助我成长　我携孩子飞翔

曾丽洁

2022年9月，我走进这所新学校，成为一名新班主任，接触到新学生。这一切对我来说，用“新鲜”二字形容不足为过。没有实践，没有经验，除了请教老教师，还应该怎么做？带着这个疑问，带着对各种事务的新奇和对孩子的喜爱，我开启了自己的语文教学生涯。

一、办公桌上的包子

小B长相帅气，周末报了架子鼓特色班。上学后他感到意犹未尽，用打架子鼓的手法来转钢笔。除了对钢笔的破坏，小B上课注意力不集中这一点，更让我头疼。我有时候都怀疑：他是不是故意来折磨我的。但是，一件不经意的小事，却改变了我对他的看法，同时也为自己以前的想法感到羞愧。

那天我一连上了三节课，中午带学生们吃午餐时，已疲惫得不想进餐，于是只喝了点稀饭便照看学生吃午餐。午餐后我带他们回到班里，不知何时，我的桌上出现了一个包子。

我还在纳闷，是哪个孩子调皮，把包子带回了教室。因为学生都知道，午餐必须在餐厅里吃完，不然会受到批评。当我询问时，班里静悄悄的，我刚想发火，他怯生生地站起来，委屈地含着泪说："我不是故意的，我是看您没有吃饭……"

我站在讲台上，愣住了，歉意涌上心头。"孩子，对不起！"这应该是我当时最想说的话。

我一直以为，我只有严厉了，把学生震慑住了，才能把班级管理好。但是，我忽略了"爱"这个字，我的学生如此爱我，我又怎能不用尽所有的力气去为他们付出呢？以后，我便经常和他交流，谈话中我发现了他的细心，发现了他的可爱，他也在我们的约定下一步步改掉了自己的坏习惯。

二、美丽的向日葵

作为老师，经常会把注意力放在班里学习成绩较好，或者比较调皮的孩子身上，从而忽略了一些默默无闻的孩子，C同学便是其中之一。

在我刚接班的几个星期里，提问她的次数并不多，因为每当我提问时，她并不像其他孩子一样高高举起自己的小手，也不像有的孩了低下头，怕老师提问到自己。她一直端端正正地坐在那里，仿佛她的任务就是坐端正就好，但每次提问到她，她也能回答出来。久而久之，我慢慢地忽略了她，总是提问那些善于表达的同学，直到数学老师告诉我她家的情况后，我才再次把目光投向她。

数学老师告诉我，她以前也是一个天真烂漫、爱说爱笑的小女孩。她家里有三个孩子，爸爸的工作也不错，一家人生活无忧无虑，妈妈还经常带他们出去游玩。每天上学她总是编着各种各样的小辫子，美丽可爱。她的妈妈对她的教育也很用心，甚至成为我们班的家委会会长。但是，在二年级下学期，她的妈妈不幸诊断出癌症，为此家里花光了所有积蓄，患病半年后她的妈妈便去世了。从那之后，她再也不说不笑了，上课就端正地坐在那里，课下也不和同学说笑打闹。每天上学，头发都是乱糟糟的，再也没有漂亮的小辫子了。她父亲也因她母亲的去世伤心不已，心脏出了点问题，再也不能工作，一家人只能靠低保生活。

听后，我才恍然大悟，明白了为什么她一直坐在那里不吵不闹。

此后，我对她便更有耐心与爱心。

记得母亲节那天，学校布置了作业，给妈妈画一幅手抄报，我特别强调了还可以画给自己的奶奶或者外婆。所有的孩子都拿起画笔，开心地画起来，只有她把发下去的那张纸收了起来。我把她叫到教室外面，她低着头，不敢看我，仿佛害怕我教训她，又仿佛害怕我知道她的秘密。

我蹲下去，平视着她的眼睛，说："老师也好想收到一幅漂亮的画，听说你的画很漂亮，你可以画一幅送给我吗？"

她听了我的话，先是一愣，然后使劲地点了点头，眼里含着点点泪光。

我知道，她愣住是因为我没有像其他老师一样叫她出去是为了安慰她，也没有让她刻意避开与母亲有关的事情。相反，我是让她勇敢面对。

那天，她交给我一幅漂亮的向日葵，美丽的向日葵向阳而生。

我对她说："孩子，以后你就是向日葵，让老师来做太阳，虽然老师无法像母亲那样无微不至地照顾你，但我也会尽我最大的努力去温暖你。"

她的泪流满面让我意识到：做老师不只是教书育人，更要用心去温暖他人。人心向暖，岁月情长。

此后，我每天早早来到学校，把她叫到办公室为她梳头发。学校给予任何资助，我都会努力为她申请，但是我没有告诉她，我觉得这是对她的尊重与爱护。我不求她能像过去那样爱说、爱闹、爱笑，我只愿，她能认识到她的身边还有很多人爱护她、在乎她。愿她能在爱中成长，如向日葵一样，向阳生长，不惧风浪。

转眼间，我站在三尺讲台上已过一年，在这春秋岁月里，我始终怀着一腔热情，用自己的知识、智慧、人格引领我的学生一同成长，并肩前行。学生因为有我的陪伴而快乐，我因为有学生的同行而幸福。

在教育的路上，是孩子们助我成长，让我不断获取经验；在教育的路上，是我携孩子们飞翔，让他们能够永远面朝阳光，努力生长，一路向阳。

点滴小事　动人心弦

陈奕名

自从“入班办公”以来，班里发生了很多事情，拉近了我和学生的距离，巩固了师生之间的关系。现分享几件事情，虽没有华丽的辞藻，但都是朴实无华的真实故事。

一、我不能放弃他

小乐同学中等个头，黑黑的小脸，单眼皮，神情满是倔强。课堂上的他不吵不闹，坐姿端正。但是提问时，他却总是一声不吭，背诵朗读、默写做题更是错误连篇，老师问起来，他便是低头不语，一脸不屑。

和他的家长联系后，我才知道他是留守儿童。就算是放假的时候，他的爸妈也无法陪伴他，他只能天天住宿舍。对小乐缺少的关爱，我也很无奈。

求助家长这条路行不通，便只能从学校入手，从孩子自身入手了。

每个孩子都是上天赐予父母最好的礼物，每个孩子都有他的闪光点，我不能放弃他。如果我放弃了，那以后他怎么办？他的未来会怎样？

他之前是所有同学嘲笑的对象，一年级时语文就是一二十分的水平，我告诉他说：

“谁都可以笑话你，看扁你。但是你要记住，任何时候都不能放弃自己，做好自己的事，别留下遗憾。”

“‘不蒸馒头争口气。’坚持做好自己，就算有烦恼，甚至是暂时的失败，都要去接受，因为它们就像一张拼图，少了不起眼的哪片都是不完整的。”

“你是独一无二的，况且你很聪明，请对得起自己，不要留遗憾，现在就可以做出改变，证明给自己看！”

……

之后，我改变了以前对他恶狠狠的态度，从一味的管教变成了帮助他、赞赏他。

我给他找事情做，让他帮忙打扫卫生，当组长。

我不仅自己表扬他，也引导其他同学肯定他。

慢慢地同学也不再疏远他，不再嫌弃他，他找到了自己的价值和存在感。

他上课时开始回答问题了；我耐心为他讲解出错的作业时，他也能认真地听进去了。

我知道他开始喜欢我了。

后来，他变得更加活泼，还会蹦蹦跳跳地主动和我说话。

他的成绩也有了突飞猛进的进步，从以前的一二十分提升到现在的五十多分。

二、子弹壳与鼠标垫

我记得有一次上课的内容是“我的梦想”，课上让所有同学把自己的梦想写到黑板上。

上课时，我突然想到自己的梦想还没有写，就随口提了一句，我说我曾经有个梦想是当兵，保家卫国，但因为种种原因没有实现。我又顺便说了一句玩笑话，说我这辈子也没机会摸摸枪，看看子弹长啥样。

后来，让我意想不到的是，一位姓林的同学真的拿来了一个旧的子弹壳要送给我，我很诧异他的子弹壳是哪里来的。他说他的哥哥当过兵，这是他哥哥的一个空的子弹壳，就拿来让我摸摸，感受一下，弥补我的缺憾。他真的在认真聆听我的梦想并且记住了，我很感谢也很感动，我觉得他保护了我内心的一片净土，也算是实现了我的梦想！

班上还有一个“钢铁直男”，在外人看来情商一般，不过我依然对他刮目相看，因为他只办实事，不会恭维。

有一次下课，他过来找我玩，说：“老师，你的鼠标垫怎么破破烂烂的啊？”

因为当时我觉得能用就行，就随便找了一块布当鼠标垫。

针对他的“童言无忌”，我解释道：“这不叫破，这叫潮流和复古风。”

没想到第二天上班，一个崭新的鼠标垫出现在我的桌子上。他找到我就说了一句：“老师，这是送给你的，我家还有！”

我刚开始是拒绝的，但后来推辞不掉，他执意要送，这孩子怎能不令人感动！

平淡的小事没有轰轰烈烈，但点点滴滴的小事堆积起来，也可以动人心魄，拨动人的心弦。这是以前不在教室坐班的时候感触不到的。

我深深地体会到：老师要用一颗善良、宽仁的心去包容孩子，多关注、倾听每个孩子的心声。有时候，一句话，甚至一个鼓励或充满能量的眼神就足以成就孩子们的一片天空。

向美而行　步履不停

从瑜

一间暖暖的教室，见证一个个孩子暖暖的童年。这句话出自许丹红老师的著作《一间暖暖的教室》。许老师说，我们应该做一个温暖的班主任，去打造一个有爱的班级。身为一名小学班主任，我也一直朝这个方向努力着，我觉得我也能给孩子们创造一个温暖的班级，带着他们向美而行。回望自己的教学路，采撷班级生活的点滴，我发现在平凡而又多姿的教学日常中，“入班办公”好像成就了我的理想。其间发生的一些小事让我觉得，暖暖的教室，是我给孩子们的，但更是孩子们给我的。不信，您听我讲一讲：

一、迟升的朝阳

孩子们常被比作初升的太阳，那么后进生就是迟升的朝阳，比起其他学生，他们更需要教师的呵护、理解与尊重。“要小心得像对待一朵玫瑰花上颤动欲坠的露珠”，这句话或许有些夸张，却实实在在告诉我们对待后进生不可疏忽大意。作为一名教师，一名负责任的班主任，我们有责任也有义务教育好这些后进生，使他们和其他学生一样健康快乐地成长，展现独特的风采。但说起来容易做起来难，后进生的转化工作不是那么容易进行的，这一度让我感到苦恼。但“入班办公”让我看到了胜利的曙光。

在一次数学课上，我坐在教室后面观察上课的同学，发现我重点关注的几个“目标人物”又在做小动作了。于是，我悄悄地走过去坐在了小L旁边，示意他认真听课。或许他是迫于我的威严，立刻坐端正认真听讲了。过了一会儿，老师提问问题，我鼓励他举手回答，在老师的引导下，他顺利地回答完那个问题，我朝他竖起了大拇指，这个孩子羞涩地笑了。

课下，我又趁热打铁和他进行交流，鼓励他养成认真听课的好习惯，就会有所收获。小L红着脸对我说：“老师，我一直以为自己就这样了，学也不会，所以……”我拍拍他的肩膀：“要相信自己，只要想学，任何时候都不晚。凡事贵在坚持，我们一起来试一试，怎么样？”小L郑重地朝我点了点头。

接下来的几天，我用同样的方式分别坐在不同的学生身边去听课。几天下来，这几个所谓的“目标人物”都有了很大的改变。

这些孩子都很聪明，但他们缺少恒心，于是我就给他们打气，陪他们往前跑。这样坚持下来，在一次阶段性测试中，这几个孩子都有了不同程度的提高。特别是小L，第一次拿到了卷面分满分，而且数学成绩破天荒地考进了优秀段！我抓住这次契机，在班里和班级群里大加表扬，并且单独“会见”，发放小奖品以示祝贺。看着孩子们天真又骄傲的笑脸，我心中涌起无限感慨：这些曾经让我头疼的孩子，他们的内心其实也是希望被关注、希望进步的。虽然转变他们的过程会很缓慢，但正如我教导他们时所说：贵在坚持！“入班办公”让我用爱心为后进生撑起一片天空，看着孩子们点滴的进步，看着他们日渐散发自信光芒的眼睛，我感动于自己的努力，更感动于孩子们的努力！

二、请耐心等待一会儿

总感觉孩子们和我还是有距离，说“敬而远之”一点都不过分。为了更好地融入他们，有时我也参与课上交流，我们会为一道数学题争得面红耳赤，会为一个英语单词怎么记各抒己见，会为如何做好一个科学小实验出谋划策……

记得有一次上美术课，老师让同学们讨论一幅画的色彩搭配。我观察到各小组虽然讨论激烈，但说的话不在理，所以同学们尽管争得面红耳赤，但谁也说服不了谁。于是，我慢悠悠地说：“这幅画，有山有水，清丽秀奇，色调应该素雅清澈，给人静谧的感觉。”

美术老师心领神会：“从老师‘同学’说得有理有据，点赞！”

各组的同学们好像一下子掌握了解题密码，纷纷效仿，讨论得激烈而有层次。当然，这节美术课，同学们都交上了自己满意的作品。我也暗自窃喜：嘿，美术课上成了我们语文课的样子！慢慢地，我放下了所谓的“架子”，利用一切可以利用的时间、机会听听学生的心声，听听学生的想法，注意学生的情感变化。他们也更愿意和我交流了，或许他们已经把我当成他们中的一员了，不再是那个高高在上的班主任。古人云：人之相交，贵在交心。所以，只有让学生真切地感受到我的关爱，学生才会充分展示自己的内心世界。每当一个孩子主动找我交流、探讨时，我感觉他们就是那含苞待放的花儿，温暖了我们的教室，铺就了我们向美而行的路！正所谓，请耐心等待一会儿，花儿就要开了。

三、小科老师的抱怨

现在的孩子们接触的事物多，各个古灵精怪，很会察言观色。他们认为语、数、英老师年富力强，要求严格，所以在这些课堂上就相对认真一些。于是，一些其他科老师就总是抱怨，说学生们不怎么重视他们的课堂。

记得教科学的郭老师经常朝我抱怨，他上课时，班里总有几个孩子不认真听课，甚至会“捣乱”。我几次找那几个学生谈话，但收效甚微。

入班办公后，我特别留意了这几个学生，上课轮流坐在他们身边，督促他们参与课堂讨论，下了课和他们谈心。

几节课下来，这几个孩子中最调皮的小H对我说：“老师，没想到科学课这么有意思，可是我以前咋没发现呢？”

我对他说：“这是因为以前你没有静下心来认真听课并思考呀！这几次你都积极参与讨论，还勇敢地举手回答问题，全身心投入课堂，当然就体会到了学习的乐趣啦！你的好学也感动了老师，你看，郭老师天天夸你呢！”

孩子听了，不住地点头。

接下来，在空闲时间，甚至是我的语文课上，我经常会穿插讲一些科学小故事，或者其他学科的一些经典桥段，激发孩子们对所有学科的兴趣。

事后和郭老师谈起来，郭老师说：“以前这几个孩子总是调皮，我为了完成上课计划，没怎么关心他们，而是一味地谴责，打消了他们学习的积极性。这段时间你帮我维持课堂纪律，我着实发现了自己的不足，应该多发现孩子们的亮点，多表扬，少批评。你看现在，课也上得顺手了，也不生气了！”

我们会心地笑起来。

教育就是这样，孩子们有他们的小心思，我们作为老师更得有懂他们的智慧。这样既帮助了学生，又成就了自己。而这一切，如果不经常地走进课堂，是无法体会到的。

四、她的眼睛里闪着久违的亮光

苏霍姆林斯基说过：“教育艺术的基础在于教师能够在多种程度上理解和感觉到学生的内心世界。”我们教师应该积极去听，与学生交谈，从而了解学生的动向。“入班办公”，让班级的温情浸润家庭亲情，向美之路我们走得更有温度。

班里有一个叫晓梅的女生，这个孩子的母亲智力有问题，父亲打工挣钱养家无暇顾及她。为了上学方便，她被寄养在姑姑家。她的姑姑以前经常和我交流，说这个孩子回到家不怎么和大人说话，让我多关照一下。我也找她谈过，可孩子总是腼腆地笑一笑，最后也就不了了之了。

入班办公后，在一次美术课上，我发现她很认真地写着什么，但写的时候又遮遮掩掩。我悄悄走到她后面，隐隐约约看到她写了很多文字，全是对姑姑的怨恨。我想起了她姑姑对我说起过的话——这孩子回到家就闷声不响，不见笑容。我突然意识到了问题的严重性。孩子长期忧郁，是会产生心理问题的！为了不让她难堪，我悄悄走开了，坐在班级后面，想着对策。

孩子的心灵很脆弱，它需要我们精心的呵护。我不禁想：这个孩子为什么会对姑姑这么怨恨呢？以我的了解，她姑姑是真心实意疼爱她的。这孩子肯定有苦衷！我得帮她打开心结。为了让她放松，课下，我先找几个同学闲谈一番，然后也把她叫了过来。家长里短一番闲谈过后，我问起了她在姑姑家的生活。孩子沉默了，眼里泛起泪花。

我拉着她的手，对她说："孩子，你是不是觉得姑姑家毕竟不是自己的家，姑姑批评你，就是嫌弃你呀？"

晓梅看了看我，点点头。

我接着对她说："孩子，老师理解你，姑姑毕竟不是妈妈，也不是爸爸，你这样想很正常。"

同理心的作用，晓梅觉得老师理解她，不由地哭出了声。

我趁热打铁："但是，孩子，姑姑是把你当成自己的孩子，才愿意去管教你。你看，你表弟犯错误时，姑姑是不是也批评他呀？再说，姑姑让你生活在她的家里，也是为了让你爸爸能安心地挣钱养家，让你以后的生活有保障，你觉得对不对？”

晓梅手搓着衣角，若有所思地点点头。

我拍了拍她的肩膀，说道：“孩子，回到家，多和姑姑聊天，逗她开心一下，让她感受感受你这个小棉袄的温度！”

晓梅腼腆地笑了，她的眼睛里闪着久违的亮光。

事后，晓梅的姑姑再说起她时，也不再是愁苦的语气了，说孩子开朗了好多，也懂事了很多。我很欣慰！

教育之路漫漫，育人之心灼灼。

每一个教育者都应在自己的岗位上想尽一切办法去成就学生，同时也成就自己。

“入班办公”或许不是最好的教育手段，但只要能为学生的成长点燃一点光亮，我认为就是值得的。

教育是一场向美而行的旅途，行走在教育的路上，让我们珍惜每一次为了学生的努力，向美而行，步履不停。

用爱耕耘　静待花开

高欣欣

教育，是一场温暖的修行。从教至今已八年，春华秋实。匠心育人，与孩子们一同成长，一路采撷美的教育体验，更似一场渡人渡己的修行。当班主任的工作遇上“入班办公”制度的推行，这又是一番别有滋味的修行！

一、“夸夸墙”

“老师，他又惹音乐老师生气了，音乐老师说让他在你办公室待着……”班长领着扰乱课堂的马同学来到了我的办公室。

此时的马同学耷拉着脑袋，习以为常地等待着我的训斥。

我强压住心中的怒火：“你怎么就是屡教不改呢？这样的情况可不止一次了……”我还想多说些什么，看他一副无所谓的表情，我放弃了苦口婆心的劝说。对他说这些话不过是“以卵击石”，内心强大的他对这些话语早已能够做到充耳不闻。

“去，写写今天学的词语吧！”没办法，我只能给他布置作业，让他在办公室待着。

我无奈地摇摇头。反正只要是有马同学在，不仅他周边的同学受干扰，任课教师的上课心情也严重受到影响。下课后，他也是惹祸不断，来告他黑状的声音不绝于耳：

“老师，小马他又和谁谁打起来了。”

“小马他拿我东西了！”

……

这样一个调皮的孩子着实让我费心不少，我不止一次和他沟通，也和他的家长沟通。

可是，治标不治本。

“入班”之后，我决定让他来做我的同桌——他的座位是离我办公桌最近的位置。

他从最前面靠黑板的“VIP专座”调到这个位置没多久，我欣喜地发现，他变了。

英语课上，英语老师在听写单词，听写完了，他会很有成就感地举给我看，小声地说：“老师，你看，我都会写！”

我看出了他的小心思：“你肯定是很用心地记了！继续努力！”

还有一次课堂习作，他率先完成：“老师，我写完了！”

他眨巴着小眼睛看着我，眼里写满了期待表扬的渴望。

心理学上讲，一个行为不当的孩子，是一个沮丧受挫的孩子。在最近这段时间里，我慢慢地找到了这个孩子行为不当的原因——他是想获得存在感，也就是说，他内心是极其渴望认同和鼓励的，只是他不知道怎样达到这样的目的，所以平时就采取了一系列不当的方式。

《正面管教》这本书提倡用正面的方法教育孩子，所以我会在马同学表现好的时候，及时给予他正向的反馈：

“这节课，你没有打扰到其他同学，听课也很专注。老师觉得你越来越能管住自己了。”

“今天没有同学来告你的状，老师希望天天如此哦！”

……

我们班有一面“夸夸墙”，每当有孩子在某一方面做得很突出时，我就会给他们写一张卡片。我将马同学一点一滴的进步记录在笔记本上，然后把这些点滴的进步放大后写到卡片上，贴到了“夸夸墙”上，并且当着全班的面去夸奖他，肯定他。渐渐地，马同学不再像之前那样无故扰乱课堂纪律，成绩也有了很大起色！我知道，是最近这段时间我对他的持续关注，正在慢慢起着作用。

当然，我也知道，对于这样的孩子来说，改变不是一朝一夕的事情，就像现在，他还必须靠我的监督才能自律。“路漫漫其修远兮”，我知道在改变他的过程中，之前的一些不当行为会反复出现，但我相信，只要持之以恒地给他应有的关注和及时的行为矫正，总有一天他会变成一个真正自律的孩子。

二、约定

“小闫，你昨晚没休息好吗？”英语老师一脸严肃地看向正昏昏欲睡的闫同学。

我也观察到她在我的课堂上精力不是很充沛，老是心不在焉的，眼底的黑眼圈暴露了她晚上肯定熬夜了。课下，我跟她沟通，询问她晚上是不是没休息好，换来的却只是沉默不语。

我只好给她的家长打电话询问情况。果不其然，原来是她爸爸为了辅助她学习，买了一台学习机，没成想，学习机还能下载游戏软件，她经常玩游戏玩到凌晨。久而久之，在课堂上就打不起精神来。

我与她的家长约定，放学后在接送点面谈孩子的情况。

“老师，你说怎么办呢？她经常在我们睡觉之后还在玩。”家长一脸焦虑地跟我倾诉。

“你们平时太纵容孩子了，什么都依着她。正是因为对孩子放任自流，才使得孩子做事没有规则意识。”我直言不讳地指出家长在教育孩子中存在的一些疏漏。

“那该怎么办呢？”家长一脸疑惑地问我。

“是把你的学习机交给老师暂时保管一段时间，还是你自己控制好玩游戏的时间呢？”我转向闫同学问。

“我自己控制。”闫同学低着头说。

我们约定：以后十点前准时上床睡觉，每天用学习机的时间不得超过半个小时。

为了让她的注意力能从电子产品中转移出来，我将最近班级中即将要共读的书籍——《青铜葵花》送给她，和她约定好：看过的内容要定期讲给我听。

经过这次深入的沟通，能明显看到她精神状态的调整。她上课很少再打瞌睡了。

“高老师，孩子最近10点左右就睡了，睡觉之前还会看会儿你送的书。”她妈妈说。

她能按照我们的约定，定期给我讲讲书中的内容，虽然有的时候只是磕磕绊绊的三言两语，但我很欣慰她的变化。

冰心曾言：“爱在左，情在右，在生命的两旁，随时撒种，随时开花，将这一径长途点缀得花香弥漫。”“入班办公”的时间里，我及时了解学生学习、生活情况，适时地帮助他们解决问题，促进了孩子成长。

争取在接下来朝夕相处的时光中，高老师不仅仅是孩子们的老师，更能成为他们无话不谈的朋友。

用爱耕耘，静待花开！

入班办公　教学相长

高艳

最近在读《给教师的40堂培训课》，书中一些行之有效的方法，引发了我内心的共鸣。结合“入班办公”，感受颇多。

一、“要理直气壮地管理课堂，有理有节地惩戒学生！”

在走上讲台之初，我曾天真地认为，只要课讲得好，学生自然就会学得好。后来，我慢慢地发现，有些老师课讲得并不见得很好，但学生却学得很好；如果带这门课的老师又恰好是这个班的班主任，这个班的学生往往会将该学科学得很好。于是，我明白了一个道理：要想上好课，就要会管理课堂！

在后来上课时，我十分注重课堂组织和管理。如果这个班的大多数学生对我教的学科兴趣不浓，注意力不集中，我就想方设法地吸引学生的注意力。如果这个班课堂秩序较乱，我就拿出一定时间整顿课堂纪律，重点抓那些不遵守纪律的学生，纠正他们的错误行为。

曾经有一个男生课上捣乱，影响到其他同学，我多次提醒仍不改正。我让他站到了教室后面，并向全体学生解释："我之所以惩罚他，是因为他违反了课堂纪律；不让他在自己的座位上站着，是因为那样会影响后排学生学习；没有让他站到教室外面，是因为我无权剥夺学生听课的权利。总之，我不能剥夺你听课的权利，但却有维护课堂秩序的责任和义务！"

学生们听了，非常服气。班级的风气有了很大的好转，成绩也有了大幅度的提高。

身为老师，我们不能体罚学生，但是要理直气壮地管理课堂，并有理有节地惩戒学生！

二、"用你的热情换取学生的激情！"

曾经有一段时间，学校施行过一个办法：每次上课前，班里的两名学生在门口迎接老师。当老师来到的时候，两名学生向老师鞠躬，引导老师走上讲台，并感谢老师授课。学生的热情换来了老师的激情！每次去班里上课都让我激动不已，每堂课都感觉情绪饱满，唯恐自己讲不好，让学生失望。

其实，这样的做法也可以用在学生身上，用老师的热情换来学生的激情。往往在刚参加工作的第一年，老师们热爱教学，热爱学生，无论遇到多么糟心的事儿，无论心情多么差，只要走进教室立马就忘掉了所有不快，讲起课来就像什么事儿都没发生过。但是，时间久了，我们可能会产生职业倦怠。

这让我想到了小品演员冯巩先生，只要在春节联欢晚会上露面，都是那句话："亲爱的观众朋友们，我想死你们啦！"每次都赢来一大片掌声。

我们能否也像冯巩那样，告诉学生，自己非常高兴能够向他们讲授今天的课程内容，经常和学生聊起自己是多么热爱教学，上课时要表现出今天所教内容是自己在教学生涯中最热爱的部分。如果有时实在感觉不到激情，那就假装一下，可以使用一些短语，比如“见到你们好开心”“我都等不及要开始教授今天的课程啦”“这部分内容有意思极了”“你回答得棒极了”，等等。这不是虚伪，而是一名教师必备的职业素质，是教好书、育好人的必由之路。

三、“做一名不太完美的老师！”

刚上班第一年时，我竭尽全力向学生展示自己的优秀，处处要显示出比他们高明，以赢得他们的“崇拜”，这在当时确实赢得了学生的信服。但是，随着孩子年龄的增长，特别是这两年带六年级，这一招逐渐失灵了，因为跟学生本来存在的“代沟”会因为你的“完美”而不断扩大。在课上问学生：“还有什么问题吗？”没有人吱声。课下也没有学生向你问问题，因为你太“高明”，他们害怕显示出自己的“愚蠢”。

后来，我会经常表现出自己的“平庸”“一般”，学着去做一名“不太完美”的老师。每次上课时，我会说：“今天我来跟大家一起学习这节课的内容！”每次考完试讲评试卷时，我会说：“不好意思，这套题我也做错了一道！”如此一来，反倒有不少学生来跟我一起讨论问题，并赢得了学生的信任。

四、“特别的爱给特别的你！”

今年兼带六年级两个班的数学，每天忙得不亦乐乎。一个叫小A的孩子，让我忙中加乱，每每想到他，我就会头疼。

上课的时候，我从没见他看过我，每次叫他看课本，他都会找不到地方，我不知道他在下面做什么。他的座位上总是有那么多纸屑；他的书桌总是会不停地增添一道道笔痕；他的作业永远都做不完；他的字迹总是那么凌乱；错别字多得让你数也数不清；课下总是会把自己的小手弄得脏兮兮的；班级站队的时候，他总是在队伍外面；在学校的走廊里他曾因为说话、跑跳被值周老师批评过很多次……

我在他身上下了很多功夫，批评、教育、辅导等，办法用尽，他依然故我，没有一丝改变。

师生一场，无法逃避，我想我必须坚持，我要用我的行动告诉他，我很看好他。

课上，当他不看我的时候，我会用语言提醒；当他又走神专注于自己的小世界的时候，我会走到他面前，轻轻地帮他把书扶正，用善意且略带责怪的眼神看着他；当他把书摆正坐好后，我会及时表扬他。

课下，我会耐心地帮他辅导他没有记住的知识，几乎每次见到他，我都会对他说："在老师心中，你非常聪明，只要你集中注意力，你可以做到很好的，相信我！"

他很诧异地看着我，说："老师，我基础很差。"

"傻孩子，基础差没有关系，你这么小，一切都来得及，而且老师会尽心尽力地帮你。"我很肯定地对他说。

后来，他主动告诉我，其实他也想做个认真听讲的好孩子，他不知道自己为什么老是走神，也不知道自己在想什么。

他还说，爸爸妈妈离婚了，爸爸在外打工，家里只有奶奶照顾他，奶奶不认识字，所以无法辅导他作业。他希望我帮帮他。

听他说到这里，我真的很内疚。

我们两个定下一个约定：他先试着每天提醒自己专心听课20分钟，然后随着时间的推移再一点点增多。

我在课下给他辅导功课，每天都关注着他的一切。

就这样，我们俩共同努力着，他终于在一次考试中及格了。我在班级隆重地表扬了他，他的脸上也露出了些许自信。之后的一次期中测试，他考了84分，我非常欣慰，也很钦佩他的能力。我给他颁发了专门为他做的“最佳进步奖”证书，还奖励了一个笔记本给他，我在首页写下了许多鼓励他的话。我看他每天都会把笔记本捧在手上看好久。渐渐地，他在纪律方面也好了很多。

有一次，我要讲公开课，很多领导和老师来听课，我告诉他，要记得圆柱和圆锥的体积公式和表面积公式，我要提问他。在那堂课上，他把公式背得非常通顺流畅，并主动回答了好几个问题，而且全都答对了！

现在他的字写得也比以前漂亮多了，而且知道主动学习了。虽然有时他还会很调皮，但是我知道他在进步。我不知道我能为他做多少，只希望他能够越来越优秀。

《给教师的40堂培训课》从课堂管理、教学实践、改善教学氛围、提升教学水平、如何成为卓越教师等5个方面阐述了一些行之有效的方法，引发了我强烈的共鸣。我拿来对照我的班级、我的学生、我的工作，结合“入班办公”，感受更是强烈，愿老师和同学们能共同成长、进步！

让学生看见你的爱

管春艳

从事教育的人，脑海中、心底里，都深埋着珍奇的宝藏，藏满了有趣的故事。这些故事，或感动、或惊喜、或深刻、或睿智。这些故事见证了我的教育生涯，装载着教育者独有的幸福，彰显着我执着的追求，透射着我冷静的思考，凝聚着我的智慧。

一、放大镜与筛子

近期，我们班里出现了一种声音，声音不大，像是蜜蜂、苍蝇见了食物，兴奋地震动翅膀的“嗡嗡嗡”的频率，在安静的教室以一当十地“轰鸣”。这种声音天天在我坐班的时候灌进我的耳朵，满满当当，总是让我怀疑我的耳朵出了问题。到底是谁在说话？我看不到，也抓不到。这声音让我抓狂，下决心要找到它。

我和另外一位老师偷偷地架上手机拍摄上课视频，终于在一张张熟悉的面孔里找到那个根本不用张嘴，就能发出声音的散点式发声，断断续续，却每节课不断。

声源来自昊子。

说起昊子，种种故事如潮水般涌来——

整理好路队，开始报数……少了一个！回回少一个！

“老师，是昊子！”

数学老师刚离开教室，他就两步跨上讲台，三步蹿出教室，与正要进教室的其他同学撞个满怀，磕掉了牙。

一节课就能把自己的桌布设计出各种人物及造型。

一个手工坦克能在老师的重重扫视下干净利落地“杀青”。

他除了上课小动作不断，还不停地和周围同学展示自己的每一点工程的进度。

……

昊子是一个贪玩多动，玩起来忘记时间、忘记地点、忘记危险的孩子。

接下来应该怎么办？是人赃俱获？还是列举罪证给家长打电话？抑或开公开投票班会，让他成为众矢之的？

管老师，你的教育智慧呢？那些烂熟于心的教育理论呢？

扪心自问后，我开始找寻他的优点，继而用放大镜细致化描述，在他所有的行为规范中“过筛子”，最后开始备他的优点课！

接下来去家访。我用反复备课又“加热”了的语言，怀揣着对孩子的期待进了他的家。

“管老师，你看你，来就来，还给孩子买好吃的。”

“没花几个钱，孩子最近进步很快，我过来看看孩子在家的学习情况。快，昊子，拿给弟弟妹妹分享。”

两个小不点，一个比桌子高，一个还在怀里，伸出可爱的小手让我抱抱。

昊子没拿零食，一个劲儿地往沙发上坐，我感觉沙发要被他坐出一个窝。

我向家长表扬了昊子在学校指挥路队、打扫卫生等方面的表现，还夸他的考试成绩一次比一次有进步。

讲到这里，他奶奶开始夸老师会教育。

这时，我看着昊子：“每个人都不是完美的，包括老师。老师读三年级的时候最大的缺点就是上课做小动作，老师发现了就狠狠地批评我。我现在长大了，当了老师，特别感激之前的老师，要不是我的老师，我永远没有机会站上三尺讲台。老师发现你这么多优点，你很棒了不是吗？”

他看看我，脸红了。

他妈说道：“老师，我家孩子调皮，他是不是又惹祸了？又惹你生气了？你告诉我，我狠狠批评他。他不听话，你就揍他！”

“不不不，他很听话，你们家孩子多，又都小，你和孩子奶奶辛苦了，他很听我的话。你们这么会教育，他尊敬老师，团结同学，上课认真听讲，写字还好。我是来给你们报喜的。”

“真的吗？”

“真的，你们看他写字越来越认真，这是他的满分卷。”

家长非要留我吃饭，我婉拒后欣然离开。

自那之后，昊子来到学校就开始主动扫地、捡废纸，站路队时第一个找到自己的位置站好。各科老师都说，他除了调皮，成绩是顶呱呱的。

“昊子，你知道吗？我相信你长大后能成为博士，研究高科技！”

我把一本《名人小时候的故事》放在他的手心里，他的脸红透了。

没有良好的师生关系就没有良好的学习效果。教师面对学生的时候要“让学生看见你的爱”，把爱学生的情感变成看得见的态度、策略、技巧，这样才能真正帮助孩子成长。

二、红袋子与黑袋子

阳子是一个爱动的孩子，每天都能够在班级的日常活动中看到他的糟糕情况，不是有人告他打人了，就是有人说他又用粗话骂人了。他的朋友也少得可怜。

那天我拿了两个一样的袋子到教室里，一个红色的，一个黑色的，孩子们对此充满了好奇，不等我开口就已经七嘴八舌地议论开了。

上课的时间到了，我让他们安静下来。

“孩子们，看得出来你们对这两个袋子很感兴趣，他们可不是普通的袋子哟，他们可是我变快乐的宝贝，非常神奇呢！我从今天起就把这两个袋子放在教室里给你们用，你们想知道他们的用法吗？”我眉飞色舞地问孩子们。

“想！”孩子们回答得又快又响亮。

这时，我特意看了看阳子，他兴奋极了，和所有孩子一样对神奇的袋子充满了期待。

我接着说：“太好了，它的用法其实很简单，任何时候你们想到或者遇到不开心的事情，就把这些事情连同你们的感受一起写在一张小纸条上统一放在这个黑袋子里。”

我的眼光又落在阳子身上，他的表情有点尴尬。

我说：“每天放学后我布置的任务就是黑袋子的小纸条全部倒进马桶里，然后用大水把他们冲走。要知道不愉快的情绪跟身体里的垃圾一样需要及时处理掉。”

我强调说：“另外，很重要的是，我们身边有很多被我们忽略掉的感动，比如耀文天天拖走廊，帮我们把走廊拖得很干净；双胞胎整理窗台上的花，让每一盆花都赏心悦目；阳子天天擦黑板；子墨、子浚天天搬运牛奶，锴源天天送回奶盒……你们是不是应该感谢他们呢？还有一些人，他们在不经意间帮助了你们，是不是也应该有一种感激之情呢？所以，你们需要做的另一件事情就是把你们想感谢的人和让你们感动的事情也写在一张纸上，然后放进这个红袋子，当然你们不用在任何小纸条上署自己的名字。”

所有孩子包括阳子都听得认真极了。

“我想找一个孩子来帮我保管这个红袋子。这是一件很光荣的事情，因为每天上课之前，会由这个孩子来读前一天收集在红袋子里的纸条，跟大家分享感恩。我考虑了很久，最后决定让阳子来做这件事情。”我话音一落，便发现了孩子们脸上的惊讶。他们一定以为我会选瑄瑄或者琳琳，因为他们是公认的乖学生。当然，最惊讶的要数阳子了。

下课后我走到他身边，蹲下去温和地问他是否同意做红袋子的管理生。

我第一次这么近距离认真看他。

阳子没等我问完就一个劲儿点头，好像生怕我改变了主意，把这个光荣的任务给了别人。

我真庆幸，我用我的“爱”——他能看得见的平等与信任，遏制了这个可怜的孩子的暴躁脾气。他在易怒的外表下，有一颗渴望被爱和被信任的心灵。

接下来的几天，再也没有同学来我这儿告状说课桌里有写着粗俗话语的字条了……不仅仅是阳子，其他孩子之间发生争执的事情也少了很多。

阳子每天上课前把红袋子里的纸条念给大家听，每个孩子都自发地在他读完一张纸条后鼓掌。

一天，阳子照例给大家念纸条，在读到其中一张的时候，他哽咽着一个字也说不出来，我接过纸条帮他念：“今天我想感谢的是阳子，我发现他早到教室带头扫地，放学后为我们关好门窗。我觉得他能天天坚持，做的是一件很了不起的事情。”

我念完后孩子们使劲鼓掌，阳子已经泣不成声了。

我至今不知道写纸条的是哪个孩子，但我真的非常感谢他。这张纸条对阳子来说太重要了！

从那以后，我的黑袋子里再也找不到写粗话的纸条，再也没有听到过阳子打人骂人的坏消息。

鲁迅先生有句话："教育是植根于爱的。"教育技巧的全部奥秘就在于如何爱护学生。面对学生的疏忽、失误和过错，教师要用专业的态度、技巧去善意提醒，温和指正，让教师对学生的爱变成看得见的具体行动，让学生看见你的爱。

从“根”上解决问题

郭增贤

有一种职业最美丽，那就是教师；有一道风景最隽秀，那就是师魂；有一种情感最动人，那就是师生情。这浓浓的情，暖暖的爱，播撒在每一个教育者的春天。

一、“刺头”

二年级七班是我新接的班，有一位王晓梅同学，个子不高，肤色黑黑的，但她可是班里的“大名人”，几乎每个同学都向老师告过她的状，她的“事迹”一大筐：

经常拿别人的东西不还，问她原因，她“理直气壮”地说：“我捡的东西就是我的。”

有一次，她猛地一推门，把一名男同学的头碰了一个大包。

值日时她从来不扫地，理由是她是组长不用干活。当我批评她时，她扭着头斜着眼瞪着我，委屈得不得了，不知道的还以为冤枉她了！

有一次，她又犯了错误，让她站起来她不从，于是我让她反思，但令人意想不到的是，她竟然直接躺到了地上。

……

面对这样一个“刺头”，我真是头都大了，怎样教育她？怎样找到突破口？

首先，开展调查。我利用课间时间找机会与她的同桌聊天，发现她的很多观点跑偏，事事以自我为中心。又在和她的爸爸交流中了解到父母对她太过骄纵。

其次，家校沟通。告诉她的家长要从小给她树立正确的价值观、人生观，要学会与同学们和平共处、相互友爱。并通过她在学校的所作所为，给家长分析了对她成长造成的不利影响。她的父母非常支持我的教育观点，表示一定积极配合，共同教育并改正她的缺点。

第三，关注关心。学校开展了班主任“入班办公”，我有了更多的时间去观察她的一举一动。只要她做得不对，我就立即制止她，给她摆事实讲道理，一直到她明白为止。抓住机会及时表扬，拍拍她的肩，抑或奖励她一块糖，给予她更多的信心。她知道我始终在关注她、关心她，是真心为了她。

慢慢地，她有了转变：知道主动打扫卫生了；喜欢帮助同学了；不再欺负大伙了；甚至还喜欢主动帮助老师做一些事情。虽然她有时还犯一些小错误，但看到她每天内心充满阳光，走在正确的成长道路上，我的心里无比欣慰。

二、“不好的事”

另一个“入班办公”的故事也让我印象深刻。之前班里经常有同学丢东西，我在班会上强调了好多次这件事，也没有显著效果。同学们都怀疑是李萍“拿”的，但“苦”于没有证据。

有一次，我拿了一个固体胶准备放学后用来贴展板，作为值日生的她走得最晚，当我送完路队再回到教室时，固体胶已经没有了，“可能性”瞬间大增。

同时，我发现在下课的时候，她并不会出去和同学们玩，而是喜欢自己一个人观察大家的桌洞。再加上她家长下班比较晚，下午放学后，她也经常以忘记拿课本为由，回到教室翻同学的桌洞。我综合分析：她回来应该是想做“不好的事”。

我便打算“守株待兔”。

某天放学后我躲了起来，并提前把手机藏好，打开微信聊天调到录制状态，结果真的有了发现。她回到教室后径直走到一位同学的课桌前，从桌洞里拿了一样东西就走。当她走到门外，“遇”到了走廊里的我，慌不择路的她转身想跑，结果被我叫了回来。

我问她：“李萍，你干什么呢？”

她犹犹豫豫地说：“回教室拿点东西。”

我说：“拿的东西是你的吗？为什么这么做？”

“老师，我自己忘记带东西了，我拿的是我自己的，是我妈妈给我买的。”

真是不见棺材不落泪！

我给她看了录制的视频，她沉默不语了。

“为什么拿人家的东西呢？”

她低着头，轻轻地说：“我感觉好看，想借来玩玩。”

我说：“借东西要经过别人的同意，你这样不叫借。老师希望你以后不要做这类事情了。”

接着，我又给她讲了一些失足少年盗窃犯罪的案例，教给她“勿以恶小而为之，勿以善小而不为”的道理。

她受到了触动，表示今后一定好好改正。

她的妈妈来接她时我了解到一些情况，自从家里有了二胎，她的父母更加繁忙，忽略了对她的教育。

我和她的妈妈约定好，要多给予孩子关注和爱，有时间多陪陪孩子，多和孩子聊天，知道她的所知所想。

从那以后，我经常与李萍交流，有时我会让她到办公室帮我拿书、拿教具，她乐于接受。隔一段时间我就会给她买个小玩具作为奖励，我们班再也没有丢过东西。

我想有些事我们不应该只看到表面现象，而应该了解背后深层次的原因，特别是孩子的家庭环境。我们应该给予每个孩子更多的关注，了解孩子的内心需求，从“根”上解决问题。

三、“打架大王”

我们班两个“打架大王”小兵和小刚也属于“传奇”人物。这两位同学课堂上坐不住，爱说话，做小动作。课下他们也经常与其他人发生冲突。以前下课后，经常有同学来告状，处理他们的事可没少浪费我的精力。

自从我入班办公以后，他们下课不在教室里打架了，而是把“阵地”转移到了外面。

有一次，一位同学来报告，说这两位同学又在操场“交上火”了，我急急忙忙赶到，他们已经被同学拉开了。

问他们原因，他们两人都向我哭诉，强调自己的理由。我了解到了原委：小兵正和小浩玩游戏，小刚也想参加，小兵不让，在推搡中两人打了起来。

我把他俩带到办公室冷静反思。过了一会儿，我问他们：“是否认识到了错误？”

小兵说：“他应该让小刚参加游戏，那样就不会打架了。”

小刚说：“他们正在做游戏，没有他们的允许，我不该强行加入。”

我想，他们打架都这么习以为常了，这次怎么会是终点?

抱着除病除根的想法我对他俩进行了家访。

从小兵的妈妈那里我了解到，孩子的爸爸脾气暴躁，孩子出一点错就武力针对。于是我便同他爸爸交流，让他意识到父亲是孩子成长路上最重要的榜样，孩子的根在父母，言行出自家庭，父母的一举一动都会在潜移默化中影响孩子的人生轨迹。

小刚的父母离异，父亲在外打工，没有尽到教育的责任，而爷爷奶奶十分宠他，导致了骄纵的性格。我同小刚的爷爷奶奶进行了一次恳谈，使他们明白孩子的成长离不开良好的家庭教育，孩子有错时应郑重指出，而不是含含糊糊、随便应付过去。同时，我把两位优秀的班干部安排为他们的同桌，使他们在大家的善意帮助下，逐步向好。

我深刻地认识到，我们对学生的爱，既要严格，也要宽容；我们在解决孩子的问题时，要注意更深层次的原因，要揭开表面看本质，从“根”上解决问题。

关爱学生，从“心”开始

华锋会

每个孩子都是一朵花，需要近距离的关爱和呵护，才能开出美丽的花朵。

——题记

入班办公后，教室的一角成了我的“根据地”。三两本教育书籍，一沓作业，安静地守护，默默地倾听，陪伴着班里一朵朵小花成长。我密切关注每一位学生，及时处理教室里每一件大事、小事、琐碎事。

“入班办公”，拉近了我和学生之间的距离。下课后孩子随时到我的办公桌旁边问问题、聊天，有助于我们师生关系的培养，我还经常收到同学们的“投喂”：一颗草莓、一个橘子、一块菠萝蜜……想着他们在家小心地塞到书包、口袋，带到班里，捧在手心递给我的样子，内心满满的感动。课堂上我们是师生，课下我们是朋友！就这样，入班后我发生了改变，我的学生也在发生着改变……

一、“老师，小郭……”

“老师，小郭没写作业。”

“老师，小郭那里特别脏。”

“老师，小郭他骂我。”

“老师，小郭他……”

像这样的“小报告”每天都在耳边萦绕，而事件的主角就是我班的小郭。

小郭在班里是一个上课说话、做小动作、学习习惯差、经常完不成家庭作业的孩子。由于成绩差，同学们都不怎么和他交流，在他经常流露出的不在乎的神情背后，有时也会不经意流露出一种无奈。

入班后，我经常课间找他谈话：“你为什么又没写作业？”他看起来唯唯诺诺，眼睛盯着你，但总是一言不发。

我耐着性子，带他找到一个安静的地方，再次询问。通过交流，我发现他的行为主要表现在心理方面的自暴自弃，性格上也固执、烦躁，不爱学习。

通过了解知道，他的爸妈离婚了。这学期一直是爸爸抚养着他。平时，爸爸上班，无心照管孩子，对作业更是不管不问，外加孩子自制力差以及集体的排斥等，造成了小郭现在的状态。只要班里有“动静”，或者老师问谁没完成作业、谁上课做小动作等，全班同学都会“情不自禁”地把目光转向他。同学的歧视、老师的批评导致他非常厌学，渐渐地他对自己也失去了信心。

作为一个10岁的少年，不被群体接纳，内心的感受是可想而知的。

医学家希波克拉底说过：“了解什么样的人得了病，比了解一个人得了什么样的病更为重要。”

我开始每天微信、电话不断地叨扰，我都害怕家长“嫌弃”我总是这么打扰他。我每天让他爸爸给我发孩子的作业，哪怕一点点，我也会认真地回复、批改。孩子爸爸告诉我：“他得到老师的鼓励，今天很开心。”我也会回复个“加油”的表情包，继续鼓励他。孩子的爸爸很感激我，说：“难得遇到这么有责任心的老师。”当然，受到家长的肯定，我也是真开心。

在课堂教学中，有基础性的问题时，我也优先提问小郭。他若回答正确，我会当着全班同学的面大张旗鼓地表扬他：“小郭说得真棒，大家鼓掌！”同时，我也根据他的水平布置基础性的作业，只要他有一点成绩，就给予表扬、肯定。

这样，他能直接感受到老师的帮助和关怀，学习的积极性就增强了。

我叫来小班长，让班长带领其他同学，下课后多与小郭接近，多与他交流，找些性格开朗的同学和他玩耍。其实在这个过程中，我发现他其实是可以融入的，而且玩得很开心，大家真诚地与他交朋友，使他觉得同学们都接纳他，喜欢他，从而增强了自信心。

我在教室办公时，只要看到他的进步，都会竖起大拇指及时鼓励他，走近他身边，对他说：“你今天又进步喽！”有时他会害羞地低头，但看得出他是非常开心的。

经过师生一段时间的共同努力，这个男孩的进步有目共睹。平时在和同学的交往中，他能主动谦让，不再和同学吵架，有时意识到自己的错误，还会主动说“对不起”。大部分时间他能自主完成家庭作业，并主动交给我，说：“老师，我的作业。”眉宇间透着自信。

当然，对于他的教育是长期的，我仍会时时关注他，坚持做他最知心的倾听者，同时营造出一个和谐的班级氛围，让他感受到来自老师与同学的关心、理解和包容。

通过这件事，我感受到“入班办公”能让我近距离地去了解学生，也明白班主任的爱是学生接受教育的前提。班主任对学生怀有真诚的心，学生才会“亲其师，信其道”。对于小郭同学，我放下架子，敞开心扉亲近他，以关爱之心来触动他的心弦，从而促使他主动地改正了错误。

二、“老师，小孙……”

班里的另一个同学小孙，不善言辞，是个挺内向的男孩。“网课”期间，他开始偷奸耍滑，不交作业。

“同学们，把你们昨天的语文作业排头收起来！”

“老师，小孙的作业还没交。”

“你的作业呢？”

“我的作业在书包柜子里。”

“快点找，找来交上。”

一顿操作，翻箱倒柜中……

“丁零零，丁零零……”没等到他的作业，上课铃响了。

之前不在教室办公，也为了不耽误其他老师上课，很多时候我也是一离开教室就忘记了，他便侥幸地认为，可以这样一直不写作业。

入班后……

“老师，小孙作业没交，他说在桌洞里，正在找。”

“好的。”一直等待，看着他装模作样地找。

下课后，第一件事，我就会喊：“小孙，继续找你的作业。”

……

“老师，我没写。”他终于低着头，说了实话。

“老师其实一早就知道你没写作业，只是想让你自己勇于承认错误，作业是对每天知识点的复习，怎么可以不做呢？”

小孙很认真地点头，保证一定认真完成作业。

可是他是“勇于认错，坚决不改”，依然我行我素，毫无长进，每次我都要被他气晕了，我的心都快冷了，多少次想想还是算了吧，或许他是根“朽木”。

下课后……

“小孙，拿着你的本子和笔，来到老师身边写作业。”

就这样，我在班里充分利用课间的时间，对他每次不完成作业进行小小的惩戒。让他意识到老师在随时关注他，不会像以前一样。我的紧追不舍使他没有了可乘之机，渐渐地，已经能每天按时完成作业，成绩也在稳步地提升。

这虽是再平凡不过的小事，但却值得让我反思在平时教学工作上的疏忽。是这样的疏忽才让孩子有了偷懒的小心思，以后的工作中，我一定要做一个心思细腻，关爱每一位学生的班主任，让学生感受到爱，他才会更爱老师，爱我们的班级。

每个孩子都是一朵花，需要近距离的关爱和呵护，才能开出美丽的花朵。入班办公的我可以有更多的时间去走近孩子，将复杂的问题春风化雨般地教会他们，蹲下身子去潜移默化地影响他们……倾注爱心去培育每一个祖国的花朵，真正做到关爱学生，从“心”开始。

花开无声 师爱无痕

华云

乘着“入班办公”的春风，片段的故事不时冲击着我的思绪，留给我许多感动的余味。学生的改变、进步、成长是为人师的幸福与成功。

一、入班——倾听“花开的声音”

因为办公室和教室只有一墙之隔，所以出入教室特别方便。有时下了课不是这个追着问这问那，就是那个在我耳边说谁谁怎么了。这不，入了班更是方便了这群孩子。

前几天王玲妈妈下午接孩子时，用瓶子给同学们带来了一份特别的礼物——小蝌蚪。这群小家伙顶着圆溜溜的大脑袋，乌黑的身子，甩着长长的尾巴快活地游来游去。它们一会儿游上来，一会儿又潜到瓶底，像是在逗孩子们玩，真可爱！孩子们像对待自己的珍品一样，一下课就来观赏。我也趁热打铁，对他们说：“你们可要仔细观察，看看小蝌蚪究竟是怎样长出前腿和后腿，又是怎样一步一步变成小青蛙的！”

每天下课后，疯跑着出去玩的孩子少了，在教室后边围着小蝌蚪叽叽喳喳聊天的多了。“快来看呀，小蝌蚪长出前腿了……”

“老师，您看，真的呢！”这群孩子把我也当成了他们的朋友。

可是好景不长，又一个课间，一个孩子发现了新大陆似的，慌慌张张地跑到我桌子跟前：“老师，小明把一只小蝌蚪掐死了。”

另一个在旁边随声附和：“对，对，对！”

那一天，就连平时不怎么爱说话的小诺也来到我桌前，弱弱地说：“老师，小明把小蝌蚪弄死了。”

“你看见了？”

“没有，我听别人说的。”

这个小明，这么大胆，同学们都还没稀罕够，他到底想干什么！我百思不得其解。

“老师，小明打人了！”

“老师，小明说脏话！”

“老师，其他班的同学来找小明了，说小明骂他们。”

……

我的耳边经常有状告小明的话。小明这个孩子一向好惹事，这个学期开学以来，我就隐约觉得他有些不对劲。数学课上，张老师津津有味地讲课，不时有小手举起来急切地想回答问题，只有这个小明转头偷偷地瞅我，被我的目光急速地碰转回去。

课后，我把他叫到跟前，惯例“审问”：“小明，上课怎么不好好听讲？”

“老师，我想看看您在干吗？”

“不知道上课不能转头吗？”我怒不可遏地继续质问，“小明，是你把小蝌蚪弄死了？”

他静静地看着我，很干脆地说：“没有！”

仿佛这一切与他无关。

我压制着怒火，看着他那空洞的眼神，迫使自己冷静下来。

身为教育者，我深知孩子的每一种行为背后都是有原因的。肩上沉甸甸的责任驱使我一定要将此事弄个明白。

忙碌了一天，拖着疲惫的身子回到家，刚一进门，小闺女迎上来：“妈妈，小蝌蚪死了好几只。”

当时，王玲妈妈特意送给闺女一瓶，每天早晨上学前她都要看上几眼，放学回来一进门，第一件事就是看小蝌蚪。我恍然大悟，脑海中浮现出小明那无辜的眼神。庆幸的是，我没有武断地批评小明；欣慰的是，这段时间的“入班办公”，能走进孩子的心灵，发现他们内心深处的想法。

一次，从一个家长口中得知，小明是个“抱大的”孩子，爸爸妈妈年龄大了对他特别娇惯。怪不得每天鼻涕像两股泉水“永不枯竭”，怪不得他的很多行为让人感觉到诧异，怪不得同学们对他有异样的看法。想到这里，我突然觉得更应该好好呵护这个孩子。

课堂上，我找准时机适时地表扬他：“小明，你这几天的书写特别认真，来！老师给你加个小奖贴。”“‘开火车’时小明接得越来越快了，同学们给他鼓鼓掌……”

我跟孩子们说，小蝌蚪本应该属于大自然，它不适应我们教室里的生活，我拿回家的小蝌蚪也和咱们教室里的一样，死了好几只，这事不要再错怪小明了。正像咱们学的课文《咕咚》，遇到事情，一定要像野牛那样搞清事情的真相，不能盲目跟从。

听了我的话，孩子们不约而同地向小明投去带有歉意的目光。而小明呢，有点羞涩又非常开心。把事情解释清楚并借机对所有孩子进行了思想教育，我的心里一下子轻松起来。这件事再次提醒我：对学生的教育应该是用一颗热情的心，把无微不至的关爱时时送到每个学生的身边，以真挚的情感走进学生的心灵世界。

二、入班——欣赏别样的风景

数学课上，我领略到了张老师游刃有余驾驭课堂的能力，让孩子们在游戏中轻松习得知识；王老师的音乐课，把小班长的作用发挥到极致——记名发小奖贴，每节课孩子们都像打了鸡血似的精神饱满；尹传军老师的美术课，从一个个小故事入手，揭开神秘的童“画”世界……

令我印象最深的是李老师的一节道德与法治课：整理内务之学叠衣服和系鞋带。只见李老师让所有的孩子把秋季校服展开平铺在桌面上，他一边说着一边演示：“两扇大门关一关，两只小手抱一抱，点点头弯弯腰，捏住两边抱回家。”多么生动有趣呀！

李老师一点点示范，一个个指导。孩子们认真聆听，衣服在他们手中不断变换着样子，他们像是在整理自己的艺术作品，不一会儿，每个桌面上的校服都叠好了。

李老师又借用一个孩子的一只鞋，开始教孩子系鞋带。他慢慢解说着："小鞋带，手中拿，一左一右先交叉。交叉握握手，变个兔耳朵，交叉拉拉手，兔子长出大耳朵，再一交叉钻下门，开出一朵蝴蝶花。"多么形象生动的儿歌呀！没想到，在我印象中少言严肃的李老师，他的课堂竟然如此有趣。平时经常有孩子伸着脚让我帮忙系鞋带，相信这节课后，孩子们不会再找我了。庆幸入班，让我领略到语文天地之外的精彩，了解到学生所学，更好地和他们同步，和他们交流。

所有老师像爱护荷叶上的露珠一样，小心翼翼地呵护学生的心。以东风化雨之情、春泥护花之意，培育人类的花朵，共同描绘灿烂的春天。

用心浇灌　静等花开

李传美

平邑县实验小学教育集团大力推行“入班办公”制度以来，我近距离接触学生、深入了解学生，走进学生中聆听学生的心声，班级整体有了很大的转变。

一、寻找闪光点，构筑学生进步的阶梯

去年我新接手了一年级。我们班有位小洋同学，人送外号“潦草大王”，此“美名”来源于他做作业时的粗心大意和随心所欲。每当我翻开他的作业，原本愉悦的心情随之化为乌有，换来的是满腔怒火和头痛不已。因为在批改他的作业时，没有几分“猜”的功夫是绝对不行的。他那“龙飞凤舞”的书写和“凌乱美”的版式让各科老师“敬而远之”。不仅如此，他的成绩也是出了名的落后。总之，他是一个让所有任课老师非常头疼，且调皮捣蛋、扰乱班级秩序、作业一塌糊涂的学生。在我真心领略了他的“风采”后，我也着实难以招架，有

种想放弃的念头。这时，一位教学有方的老教师对我说："学生之所以如此，都有根本的原因，找到他们的闪光点，对症下药，也许可以改变他。"于是，我便静下心来，开始慢慢寻找并思考他的问题所在。

入班后的课堂上，我留心观察他的一举一动；课下，我注意他的一言一行。随着时间的推移，我慢慢发现他并不是一个坏学生，只是基础差，家长又没有时间辅导，而老师和同学对他的另眼相看也使他逐渐丧失了学习的兴趣和信心。他爱表现是想引起别人的注意，他想进步但是苦于没有机会。

学校开设社团后，为了改变他的状况，我抱着"死马当作活马医"的想法，把他安排进了武老师开设的书法社团里。令我没有想到的是，经过一段时间的练习，他的字居然有了改观。于是，我抓住这难得的闪光点，在班内对他进行了大力表扬。在积极的鼓励和引导下，他的书写有了很大的进步。慢慢地，他以前那种粗心大意、随心所欲的书写习惯也消失不见，人也开始变得更加遵守纪律了。

随着成绩的上升，他的行为习惯也在改变。原来的他就是一个话痨，还经常与同学打闹。现在，课堂上他总是坐得很端正，还经常回答问题，在背诵国学经典等篇章时，之前连字都不认识的他，居然能全部背诵下来。

小洋的转变启发了我，我认为教育成功的关键在于如何正确引导学生，好的方法往往能获得事半功倍的效果，而"入班办公"给我提供了这样的平台。

二、走进学生心灵，尊重理解，关爱成长

在20多年的班主任生涯中，我体会到了教育的快乐，与学生真诚相处的快乐，在快乐中找到了自我，同时也感触良多。“师生之间就要互相尊重，互相理解，互相关爱。”这句话伴随我与学生们一年又一年。

我班有一个特殊学生叫小峻。他的爸爸妈妈离婚了，爸爸在济宁打工，妈妈离家出走，孩子缺少父母关爱。

我刚接过这个班时，他不会读书写字，我咨询原来的老师，得知了具体原因，但我并不想放弃他，并时刻关注他的举动，不把他当成问题学生看待。我先教他拿笔再教他写字，有一点点的进步我就鼓励他。慢慢地，他有了进步。同时，上课时，我也经常提问他、关注他、鼓励他、帮助他。在排座位时，我让学习好一点的同学和他坐同位。多重影响下，他上课知道怎么听课了，作业多多少少也能写一点了，现在还能考六七十分了！

他爸爸流着泪，很高兴地对我说：“老师，谢谢你对小峻的关心。我没有时间管，他妈妈不愿意管，孩子天天给你拖后腿，但是自从你当班主任以来，孩子发生了翻天覆地的变化，我相信孩子在你的培养下一定会成为有用的人才。”

我听了之后很是欣慰，看着孩子们的成长，心里有说不出的喜悦。

三、心灵沟通，春风化雨，点石成金

学生小霖，父母属于再婚家庭。后妈只顾及自己带来的孩

子，无视她的存在。生活在这种境况中的她，过早地失去了童年的欢乐，变得沉默寡言，好像一只孤独的小燕子。

她对学习毫无兴趣，不完成作业成了她的“专利”。一个聪明的小姑娘刚开始迈向人生的第一步，难道就让她这样走下去吗？我在心里不断地琢磨着。我一次又一次地对自己说：“你是她的老师，如同她的母亲，你就应帮助她。”真诚的爱能够像火山，暖化冰冷的心。她缺少的是亲情的关爱，我就给予她这种爱，用老师的如母之爱暖透她冰冷的心，让她重展笑颜。上课了，她静静地坐好，我冲她赞许的一笑；当她犹豫着慢慢举起了手时，我对她投以鼓励的目光；当她工整地完成作业时，全班的掌声带给她成功的喜悦；当她犯了错误时，等待她的是老师宽容的面孔；当她……

一次次心灵的接触，一次次如母亲般的关爱起了作用。渐渐地，我能从她的脸上看到难得的笑容了，同学们玩耍的身影中也找到了她小巧的身姿。看到她的变化，我体会到付出的快乐。执教25年来，荆棘与鲜花一路，坎坷同欢歌齐飞。我心中始终铭记——“金奖银奖不如家长的夸奖，金杯银杯不如家长的口碑”，始终把培养完善人格的学生看作等同于生命一样重要的大事。

改变一名“问题”学生，让他们朝着好的方向发展，可以带动整个班级的进步，其意义非常重大。

“入班办公”让我看到了“问题”学生的闪光点。我想，给他们多一点关注，多一点爱，不要吝惜我们的赞扬之词，让他们的闪光点发光，使他们感受到老师在时刻关注着他，有问题及时处理，有了进步更要及时表扬。学生都希望得到老师的认可，更渴望得到表扬，这会激发学生强大的学习动力，增强信心。

有位哲人说："教育是给天真的心灵带来希望，给稚嫩的双手带来力量，给迷蒙的双眼带来明朗，给弯曲的脊梁带来挺拔，给卑微的念头带来自信。"

当我满怀爱心去对待学生时，我也在爱中获得了爱，或许这就是作为一名教师真正的意义所在吧！

我的入班故事

李东

“入班办公”将近三个月了，在这三个月里，我班发生了很多故事，有的饶有趣味，有的感人至深，有的发人深思。下面我就一一道来。

一、有趣的故事

入班第一天，我早早来到教室，想看看孩子们来到教室后做的第一件事是什么。为了不让孩子们发现，我坐在教室最前排最里面的座位上读自己最喜欢的书——《爱心与教育》。

我刚坐下，就听到教室外面有同学喊道：“我的小花花呀，你渴了，是吗？我这就给你倒水喝。”

她赶紧走进教室，放下书包，拿起喷壶去浇花。她一边浇花，一边唱道：“我的花儿我来浇，我的花儿最美丽。太阳当空照，花儿对我笑……”

浇完自己从家里带的花，她嘟噜了一句：“别人的花也是花，也需要我的关爱。”

于是她又去打水把教室走廊的花儿都浇了。

我在课堂上表扬了她，让她以后负责浇花，并对她说：“你想浇花可以，但是你做题粗心的小毛病得改掉呦。”

她兴奋地说：“老师，您放心，只要您让我浇花，我一定能改掉粗心的小毛病！”

我笑着说：“老师答应你，只要你好好学习，改掉粗心的小毛病，你就是我们班的护花小使者。”

从那以后，她上课比以前认真了，举手的次数多了，做题也比以前认真了。

她给最好的朋友说：“我答应老师了，我要好好学习，改掉粗心的毛病，我得说到做到，不能让老师失望。”

以前语文考试没考过满分的她，居然在期中考试的时候考了100分。

这就是我们班的开心果——小A同学，她的故事不仅有趣，还很励志。

二、感人的故事

前段时间，体育老师请假，音乐老师忙着为“六一”儿童节排练节目，我那两天的课也挺多，最多一天上四节课，结果我的喉咙沙哑了。没办法，我只好在课上布置书面语文作业，让孩子们完成。

教室里静悄悄的，孩子们在做作业，我在改试卷。

忽然，一个稚嫩的声音在我耳旁响起：“老师，这是我从家里拿的胖大海。我爸爸喉咙难受，喝了用胖大海泡的茶，几天就好了。家里就这些了，我妈妈再买了我再给您拿。”

看着小D同学递过来的一小袋胖大海，我心里像打翻了五味瓶，久久不能平静。

小D同学前天被我狠狠地批评了，因为他又一次迟到了。我严厉批评了他。没想到他还想着给我送胖大海，并且是在被我批评了没多久之后。说心里话，我对小D同学有偏见，他经常迟到，学习也不好，所以我对他基本上没有表扬鼓励过。

我感到很惭愧，就对他说：“小D，谢谢你！你送给老师的胖大海，老师很喜欢。我们进行一场比赛，好不好？”

他眼睛一亮，问道：“老师，什么比赛？”

我摸着他的头，微笑着说：“从明天开始到星期五，我们俩比早上谁先到教室，谁先到教室的次数多，谁就赢了。”

他兴奋地拍了拍小手，说：“行！老师，我很喜欢这样的比赛。”

第二天早晨，我故意晚到一会儿。当我来到教室的时候，发现偌大的教室里只有他。他看到我，高兴地说：“老师，我赢了！明天我还要第一个到教室！”

我伸出大拇指，对他说：“对，继续努力，不骄不躁，争取明天还是冠军。你真的很棒！如果你来到教室就开始读书，那你就更棒了。”

他拍着胸脯说：“老师，我保证做到！您就看我的行动吧。”

第二天，他又是第一个到教室的，并且来到教室就拿出自己喜欢的书来读。

我在班会课上表扬了他，夸他勇于战胜自己，是我们班进步最大的孩子，并号召其他孩子向他学习。他以前经常迟到，现在不但不迟到，还成为我们班第一个到教室的孩子，并且来到教室就拿出书认真地读。在他的影响和带动下，我们班有不少孩子也做到了勇于战胜自己。有的战胜了懒惰，有的战胜了胆小，有的战胜了自卑，有的战胜了骄傲……

真的要感谢小D同学，让我认识到自己的不足，并努力去改进，进而让我们班有越来越多的孩子改正了自己的缺点。

三、发人深思的故事

一个周二下午，我刚走进教室，一个孩子就走过来对我说："老师，小C同学用红领巾勒我的脖子。"

我赶紧看了看孩子的脖子，问孩子："还疼吗？"

孩子说："不疼了，他一听我要告诉老师，就松手了。"

我欣慰地说："你做得对，老师会批评小C同学的，让他向你道歉。"

通过这件事，我进行了反思：成功的地方是孩子们不再软弱忍让，而是对欺凌者进行警告，并及时向老师反映情况；不足的地方是对孩子的入队教育不到位，不然就不会出现少先队员用红领巾勒同学脖子的事。

于是，我把入队教育的课件进行了修改完善，又给孩子们上了一堂入队教育课。我告诉孩子们：一名合格的少先队员要敬畏红领巾，还要爱护红领巾，因为红领巾代表红旗的一角、烈士的鲜血，它象征着少年先锋队的前身——劳动童子团在艰苦的环境中一腔热情投入革命事业，经历了血与火的考验。我们要像爱护自己的眼睛那样爱护红领巾。作为一名少先队员，应该时时刻刻发挥模范带头作用，给那些还没加入少先队的同学树立榜样。

上完入队教育课，我明显感觉到班里的学习风气好了很多，学习氛围浓了。尤其是第一批加入少先队的孩子，不论是课堂表现还是文明礼仪，不论是作业完成情况还是活动参与度，都表现得非常好。

师者，传道授业解惑也。我们只有既教书又育人，才能培养出有担当、有品德、有才干的社会主义建设者和接班人。

陶行知先生曾说："在教师手里，操着幼年人的命运，便操着民族和人类的命运。"

在以后的日子里，我会继续以一颗热烈的教育心，以一份赤忱的教育情怀，坚定地走在教育之路上。时刻谨言慎行，以身作则，与孩子们一起成长，走进有温度的课堂，演绎更多更好的故事。

每个孩子都需要关爱

李芬

在教室内设置一张办公桌，看似简单，但是作用可不小。班主任通过“入班办公”实现了与学生的近距离接触，既能引导学生学习，又能陪伴学生健康成长，还能反思自己的教育教学，更好地发挥教育引领作用。

一、迟到的表扬

我们班有一个特别好动的小男孩，他叫小孙。课堂上他的自律性很差，不仅自己没学什么东西，还影响了别人，真让任课老师头痛。

有一次我进教室上课，刚巧碰到英语老师也在，她有些生气地对小孙说：“小孙，你真的是经不起表扬！”

我不知道是怎么回事，也没多问就开始上课了。

上课没多久，他的“老毛病”又犯了，我气愤地说：“难怪刚才英语老师说你经不起表扬！”

谁知，他却大声地说："你又没有表扬我！"

我一震，这一句突如其来的"无忌童言"让我一时不知说什么好。

课后，他的话一直萦绕在我耳边。

想起来，平时我总觉得他调皮，的确很少表扬他。从今天这件小事来看，他还是挺在乎老师的表扬和肯定的。是啊，调皮的学生也是学生，和大家一样都希望得到赏识，而且从某种意义上说，也许他比其他学生更希望得到老师的表扬吧。我以前忽视了这一点，于是，我决定在今后调整教育的方式。

从那以后，在课堂上，只要看到他认真听讲或回答了一个问题我就马上对他进行表扬。

经过一段时间的观察，我发现他在课堂表现、作业完成等方面都取得了小小的进步。但毕竟小孩子的自控能力比较差，要想在很短的时间内把坏习惯全部改掉是不现实的。所以，当遇到他上课不认真、小动作不断、对要掌握的知识模模糊糊的情况时，我并不灰心，因为我知道这种学生是需要时间磨砺的，我应该有耐心。

有位哲人曾经说过："人的精神生命中最本质的要求就是渴望得到赏识。"我坚信，只要坚持把赏识教育的理念运用到实际的教学活动中，一定能取得成功。训斥只会压抑心灵，只有欣赏、激励才能开发人的潜能。希望通过我的不断努力，与家长和其他老师配合，慢慢地改变这个孩子，让他得到很好的发展。

二、母亲节礼物

还有两天就是母亲节了。那天是周五，下午第一节课后，我布置了一个特别的作业，请同学们为妈妈亲手做一份礼物，并写一篇以母亲节为主题的日记。

放学的时候，我在办公桌旁收拾东西，感觉一个身影悄悄地走到我身边，我抬头一看，是他——小高。

全班最调皮的学生。

只见他双手放在背后，好像在遮掩什么，眼睛不敢正视我，很不好意思地低头说："老师，我想送您件礼物，行吗？"

看到他一反常态的拘谨样子，我好想笑，但是忍住了，说："那当然好啊！"

只见他从背后拿出来一张A4纸叠成的小纸盒，上面画了一幅画，最上方写着：祝李老师节日快乐！

看到这里，我的眼睛不禁湿润了……

记得刚接手这个班时，就知道班里有一个大难题，那就是小高，他也引起了我更多的关注。

小高，黑黑瘦瘦的一个小男孩，由于经常欺负同学，没有一个人愿意和他做同桌，就连一向泼辣的女班长也经常被他气哭。开学没多久，就陆续有同学找我告状，说小高老是打人，同时也有老师向我反映，小高性格不好，老师批评他的时候，他总是不服气，脖子梗着，甚至还用眼睛瞪老师。

虽然他时常对同学有攻击性的行为，但是我发现了他的一个优点，就是很诚实，敢作敢当。叙述打架经过的时候很客观，没有遮掩自己的过错。往往在诉说的时候，他已经认识到了自己的错误，甚至还有点不好意思。

有一次打架，在他讲完过程以后，我又让学生来讨论一下小高这场架是打亏了还是占到便宜了。看看小高身上的灰和草，又看看他脸上被人打伤的痕迹，大家都笑了！我又适时地给他摆事实、讲道理。看得出来，他听得很认真，没有什么不满之处。

现在，几乎已经听不到学生对小高的告状声了。自习课上，他总是站在讲台上维持纪律，下课后还乐颠颠地告诉我：“老师，某某同学在课上大声说话……”我想，也许他偶尔还会犯些小错误，但是他已经在努力改正了！

那天，我收到了母亲节的第一份礼物！我很欣慰，我已经在小高的心里埋下了信任的种子，也赢得了他的好感与信任！

每个孩子都是一朵花，都需要教师的关爱。把阳光洒向每个孩子，特别是特殊的学生，那么他们心灵的苗圃也会阳光灿烂，春色满园！

爱是开启心灵的金钥匙

李艳

爱心是火种，能点燃心中的希望；爱心是清泉，能滋润即将枯萎的禾苗；爱心是绿荫，能撑起一片新的天地；爱心是桥梁，连接起师生的心灵。爱给了我们力量和成功的喜悦。

一、关爱学生，就要善于表扬，巧妙批评，以典型作为榜样

我班顺远同学的父母做生意，平时没时间教育他。他行为习惯差，经常偷着玩手机游戏，不按时完成作业，表现很不好，对班级管理构成了较大的负面影响。

后来，我多次跟他父母谈心，想多方位去了解他。在这期间，只要他取得点滴进步，我都进行不同程度的鼓励，使他感到了亲切，产生了信任感，愿意与我们交流，从而从思想上认识错误、改正错误。

作为老师，我在班里也多给他提供自我表现的机会，让他

消除了自卑心理，感觉到了自己的价值所在。

我在班内把顺远同学作为改正错误的典型，去感染和带动其他有类似情况的同学。现在，我们班的班风更正、学风更浓。

这让我更加深刻地认识到：小学生喜欢得到老师的表扬和鼓励，这对他们来说是荣誉的享受，更能增强他们的勇气和力量。

当然，“金无足赤，人无完人”。由于每个学生的家庭环境、社会环境、自身的心理素质等方面的影响，学生之间存在着较大的差异，有的勤学守纪、有的厌学做坏事。作为教师，要正视学生的差异，对于“问题”学生，要从关爱的心态出发，对他们晓之以理、动之以情，用人格力量去感化他们。

现在我们班的顺远同学可以说是一位比较优秀的小学生了，同学们也很喜欢接近他。

二、关爱学生，就要树立正确的学生观

一次，上课铃响了，同学们都进了教室。大约过了5分钟，忽然外面有个学生喊：“报告！”我打开门一看，原来是我们班的小琪同学，当时我很生气，就严厉地批评了她一顿：“你干什么去了？我们平时学的知识你都学会了吗？还迟到，现在才来！”

平时人人咧咧的她这下可急了，眼泪分明在眼圈里打转。

她委屈地说：“我是去给语文老师交作业本去了，这才来晚的。”

此刻，我的脑子轰的一下！是呀，我和语文老师商量好的，为了调动她的积极性，让她当语文课代表的嘛！我知道错

怪了她，连忙给她道歉。

虽然最终这个孩子原谅了我，可是我错怪了孩子，对孩子的伤害已经构成了，我内心一直很自责。

都说“眼见为实”，可我亲眼所见，还是错怪了学生，这是深刻的教训。

这让我深刻认识到：孩子的心是稚嫩的，一旦你伤害了它，就不容易愈合。我们作为教师，在批评学生之前一定要好好想想，千万不能草率去判断、处理。如果学生和你产生了对立情绪，那么我们的教学就更难进行了。

时势在变，教育在变，学生在变，作为班主任也要与时俱进，更新教育理念，永远走在时代的前面。

三、关爱学生，就要了解、信任和宽容学生

班上有个学生叫小瑞，长得又矮又瘦，能说会道，是个挺可爱的男孩。可是在学习方面，他给人的感觉就没那么好了。上课时思想不集中，不肯动脑筋，经常不做作业，即使做了，也做不完整，书写相当潦草，小组长每天都向我告状。

于是，我找他谈话，希望他能遵守学校的各项规章制度，以学习为重，按时完成作业，知错就改，争取进步。他口头上答应得好好的，可就是“勇于认错，坚决不改”，依然我行我素，毫无长进。每次我都气得难受，多少次想放弃他，但又觉得身为班主任，不能因一点困难就退缩，不能因一个学习有困难的学生无法转化而影响整个班集体，我要对得起自己的良心，我要尽最大的力量去转化他！我把心一横：不转化你，誓不罢休。

我找他谈话，问到他母亲时，他眼睛里流露出一种莫名的伤痛。当我另转话题时，他开口了。他说他是一个单亲家庭的孩子，从小就没见过他的妈妈，他和爸爸生活在一起。可能就是由于家庭不完整引起的自卑心理，导致了他心灵世界的荒芜。十几年了，同龄的孩子都在母爱中快乐地成长着，而他从小就失去了母爱，还有什么比这更让人悲痛的呢？

我告诉他，母亲的离开不是他的错，现在他应该好好学习，不让父亲操心，以后用自己的实力让父亲享福。平时作业上有什么不明白的或是做错的，我都会帮他讲解，直到他懂了为止。

我特意安排他和学习成绩好、乐于助人、耐心细致的学习委员毅晨坐在一起，目的是发挥同伴的力量感化他。事前，我先对毅晨进行了一番谈话："为了班集体，不要歧视他，要尽你自己最大的努力，耐心地帮助他，督促他进步。"毅晨满口答应，并积极主动地帮助他。

我再次找他谈话："你想改正错误吗？想做一个受人欢迎的孩子吗？你要怎样做才好呢？"

"我今后一定遵守纪律，认真完成作业。"

"那你可要说到做到哟！"

"好！"

后来，他无论是在纪律上，还是学习上，都有了明显的进步。当他有一点进步时，我就及时给予表扬、鼓励，使他处处感到老师在关心他。他也逐渐明白了做人的道理，明确了学习的目的，端正了学习态度。

法国伟大的教育家卢梭说过："凡是教师缺乏爱的地方，无论品格还是智慧都不能充分地或自由地发展。"我坚信，只要我们用心，只要我们有爱，就可以开启学生的心灵之窗。

我爱上了“入班办公”

林清高

热爱学生是做好教育教学工作的前提，也是教师职业道德的基本要求。“入班办公”更有利于我对学生思想上的积极引导，学习上的耐心帮助，生活上的关怀体贴；更有利于我关爱学生的心理成长，充分利用课余时间与学生亲切交谈，全方位了解每一位同学的生活和学习状况。

一、我帮孩子拧水杯

2022年冬日里的一天，一个孩子走到我的面前，满心欢喜又有些激动地说：“老师你对我太好了，就像爸爸一样。”

这一声“爸爸”其实起源于一个小小的举动。那天我正在班级办公，这个学生的水杯太紧，稚嫩的小手拧不动水杯盖，她怯怯地对我说：“老师，能帮我打开水杯盖吗？”

我随口应道：“老师就像爸爸，当然可以呀！”

后来，孩子的妈妈（得知我帮孩子拧水杯这件事）对我说：

“每次看着她手里的水杯，心里就充满了感动与幸福，遇见你这样的老师真的很幸运。”

就这样，我对孩子的爱渗透在对每一位孩子期许的目光里，在给孩子们系红领巾的柔情里，在给孩子们系鞋带的关心里，在看见孩子点滴进步就无比欣喜的满足里——我对学生的爱缓缓流进生活的每一天里！

二、一张生日卡片

“入班办公”后不久，我发现班内有个叫小丽的同学性格比较内向，小小年纪就产生了强烈的焦虑心理，不与其他人玩耍交流，同学们对她也畏而远之。于是，我不厌其烦地和她谈心，多次了解她最新的思想动态。

在小丽生日那天，我送给她一张生日卡片，卡片上写着几句话：“我知道你是一个好孩子，老师相信你绝不平凡，一定会越来越优秀！敞开心扉与同学们成为好朋友吧！”

自那以后，我在课下总能看见她自信的脸庞，与同学们谈笑风生的身影。看到她的改变，我也露出欣慰的笑容。

正处于心智还未完全成熟阶段的孩子每每有了心事，依然愿意拿出来和自己的老师分享。在孩子们心里，他不仅仅是一名老师，也是长辈，是朋友，是对学生真诚的爱才建立起来的这一份感情与信任。

三、笑得跟花儿一样

还有一个学生小玉，课下爱说笑、课上爱走神、作业完不成。

于是，我单独找她谈话。谈话中，我了解到她也十分喜欢我。我心里一喜，心想，让她转变的时机来了。

我轻声问她："你为什么会喜欢我呢？"

她不好意思地答复："因为老师疼爱我们，爱给我们讲笑话，爱带我们做游戏。"

我笑着问："喜欢是相互的，你喜欢老师，老师也很喜欢你，如果课堂上能积极一些就更好了。那么，课堂上你觉得应该怎么做呢？老师讲课的时候不认真听讲，是不是辜负老师啦？"

小玉听了我的话，低下了头。

我摸了摸她的头说道："你知道老师上课为什么不喜欢你的表现吗？"

"因为我常违反课堂纪律，不认真听课，不会听课，还爱说话。"

"你已经认识到了自己的错误，说明你是一个勇于认错的好孩子。但是，这还不够，你觉得应该怎样做才好？想改正错误吗？想做一个让老师更喜欢的孩子的话，我们要怎样做才好呢？"

"我今后一定要遵守纪律，认真听课、学会听课，认真完成作业。"

"那你可要说到做到！"

"好！我们拉钩，一百年不许变呀！"

后来，在我和语文老师的共同监督下，她无论是在课堂表现上，还是学习习惯上，都有了明显的进步。

当她有一点进步时，我就及时给予肯定和鼓励，让她处处感到老师在关心她，不但在课堂上经常关注她，还交代她的同桌要及时、适时地提醒她。另外，我还特意安排了一个责任心强、学习成绩好、乐于助人、耐心细致的女同学去当她的小老师，充分利用课余时间帮助她。

多方努力下，小玉听课更认真了，成绩也有了很大的进步。

后来，有一次我找她谈话时，她说：“老师，同学们这样关心我、保护我、帮助我，如果我再不努力，对得起她们吗！”

我笑着说：“你长大了，懂事了，进步了，我真替你高兴。”

我为了鼓励她，给她颁发了“进步之星”的奖状，孩子笑得跟花儿一样，并向我表示以后一定要好好听课，认真学习。

“入班办公”能随时掌握班级动态，全面了解学生的学习兴趣、听课状态，第一时间发现学生存在的问题，并及时地、有针对性地介入解决问题；能有效打破学科壁垒，走向协同合作，构建美好育人新生态，真正实现全员全过程育人和构建新生态全环境育人。

现在，我爱上了“入班办公”，更爱可爱的孩子们。

柳絮因风起，葵花向阳倾

刘琦

“月黑见渔灯，孤光一点萤……”听着同学们的琅琅读书声，我不禁回想起初见他们时的模样……

半路接班，初入教室前的心情忐忑不安，颇有些儿时被老师叫去办公室，却不敢敲门而进的感觉。可一进教室，我就立刻喜欢上了这群在认真早读的孩子，我为我自己初入工作就遇到乖巧懂事的孩子而感到幸运。那时的我，还不知道后来会发生什么……

一、“长在地上的孩子”常小跳

几天之后，我快乐的班主任生涯被按上了暂停键。

事情起因于一个在后来较长时间内都令我头疼不已的“小调皮”——常小跳，我把他称呼为“长在地上的孩子”。什么叫“长在地上的孩子”呢？顾名思义，就是他无论是上课还是下课，总是趴在地上玩耍。不知从何时开始，很多任课教师开始找我反映情况——这个“小调皮”上课时出现随便离开座位、随意转头说话等一系列的问题。我开始着手处理这件事情，可是各种方法都用过了，见效甚微，甚至在我的课堂上，他也开始出现这些情况了。我一度崩溃不已，不知道从何处下手才能改变他。

然而此刻，我抬头望去，这个孩子就坐在教室里，自觉地跟着其他同学一起朗读。

很多次我都在回想，他从何时开始改变的。没有明确的答案，但我确信，这一切的转折发生在“入班办公”之后。

二、“爱护同伴检查员”常小跳

入班之初，为了及时把从地上趴着的他揪起来，为了在其他教师上课而他却在地上玩耍时及时提醒，我把他调为了我的同桌。但在这个漫长且重复的过程中，我好像仍然看不到希望，为此我觉得心累不已。

“老师，常小跳又把孙明明打哭了！”刚走进教室，同学们就一齐围上来，七嘴八舌地告状，这样的事情，我不是第一次面对了，几乎每次的主人公都是常小跳。

一听这话，我急忙走到孙明明的身边，他正低着头捂着眼痛哭不止。

我忙蹲下去问他：“孙明明，你没事吧？你哪儿不舒服吗？”

“老师，常小跳打我！”孙明明抬起头来哭诉。

这一抬头，着实把我吓了一跳。只见孙明明的左眼上，有一道流着血的长口子，整个眼睛布满了红血丝。

我忙开始了解事情的经过，并联系家长带孩子去医院进行检查。

看到孙明明的眼睛越来越红，我担心不已，转头一看当事人常小跳，自顾自地站在那摸墙，我不禁有些恼怒，呵斥道：“常小跳！到底怎么回事？怎么能去伤害其他同学呢？”

常小跳一听这话不淡定了，忙说：“老师，他的眼睛不是我挠的，我只是张着手跑了过去，他就变成这样了。”

看到他无辜的神情，我只得压下心中的火气，先行陪孙明明去往医院检查。幸运的是，孙明明的眼睛只是外眼球出现了划痕，内眼球没被伤害到。

得到检查结果后，我立刻回到学校查走廊监控。果不其然，事情和常小跳所说一致——常小跳张开双臂时正好触碰到了孙明明的眼睛。

回到教室，我正准备和常小跳沟通这个事情，他主动找了过来，询问我孙明明眼睛的情况。

看到他的表现，又想到他平时无论故意还是碰巧，对其他同学造成的伤害，我决定召开一个班会，请同学们讨论：怎样去保护我们的同学？同学们各抒已见，有的说下课不要打闹，有的说不要打架……我专门请常小跳同学起来发表下自己的看法。经过这节课的激烈讨论，我们一起制定出了“保护同学小妙招”。

课下，我再次把常小跳叫到办公桌旁，结合他平常的一些做法与今天班会讨论的内容，常小跳小声说：“老师，我知道错了，以后我会和同学们好好相处的。”

“与老师相处，和与同学相处是一样的，我们慢慢来，老师也相信你！”说完这话，常小跳瞬间也轻松了不少，蹦蹦跳跳地又回到了座位上。

自此之后，我开始观察常小跳和同学的相处。我发现，他确实能意识到怎样的行为是正确的，但很容易控制不住自己。

为此，我又召开了一次班会课，选举出一位“爱护同伴检查员”，特意让常小跳第一位轮值。

或许是有了身份的约束，他开始有意识地保护同学，遇到争吵打闹的行为，甚至会主动及时地制止劝解。一段时间后，经过大家的评选，我们为常小跳颁发了奖状。

看到他害羞到红扑扑的笑脸，我突然意识到，每个孩子都有自己的闪光点，也都渴望自己能在老师和同伴心里开出绚烂的花朵。

这个事件之后，我开始尝试着让常小跳同学担当一些班级里的职务，也开始尝试着站在他的角度，理解他的所作所为。

三、也是那束光的常小跳

还记得某天下午，在教室办公的我被太阳光线照得睁不开眼睛，常小跳正趴在地上玩耍，抬头看到了这一幕，他立马起身，为我拉上了靠近我桌边的窗帘。

那一刻即将被遮上的光，不仅照到了我的眼睛，更是透过眼睛，照射进了我的灵魂深处。

他逐渐愿意和我沟通交流，甚至有时，能在和我约定好后主动坐在座位上。我也开始明白，当尊重与信任、喜爱与信赖，在教师和学生之间流淌时，教师对学生的要求，是会被学生以愉悦的心情接纳并完成的。

我很庆幸，那束光，终究在这段漫长的时光中，照耀到了我们身上。

伴随着朗朗读书声，抬眼望向这群可爱的孩子，每一个孩子何尝不是每一个家庭的光呢？我将继续期待着这些独一无二的生命逐渐向美向善，相信随着时间的推移，我会收获更多份满意的答卷，看到朵朵美丽的花朵欣然绽放！

一花独放不是春，百花齐放春满园

吕继美

每一个小孩都是一粒种子，
只是花期不同。
有的花一开始，就绚丽绽放，
有的花，却需要漫长的等待。
也许你的种子永远都不开花，
因为你是一棵参天大树。

——题记

俗话说：“十个指头分长短，荷花出水有高低。”一个班级里，众多孩子也是各有特点，总有区别。著名教育家苏霍姆林斯基说：“热爱孩子是教师生活中最主要的东西。”是的，几乎每个教师都爱优秀的孩子、懂事的孩子、听话的孩子，总是给这样的孩子以无限的信心和源源不断的关爱。其实，后进生、调皮生，还有那些特殊生，更需要我们教师的呵护、鼓励、关注和帮助。平邑县实验小学教育集团王善红校长大力推行“入班办公”，让我们班主任走近学生，真正了解学生。

一、身体比路队牌金贵

“老师老师，武壮壮爬窗户进教室了！”

“老师老师，他还把路队牌弄断了！”

下午我一进教室门，同学们就跑过来，七嘴八舌地和我告武壮壮的状了。

我看着高高的窗户，心怦怦直跳，赶紧走到武壮壮身边，摸摸他的腿，问他：“你没事吧？伤着哪儿了吗？”

他轻轻地摇了摇头，又低下了头。

我悬着的心落了地，又问他：“怎么回事？为什么爬窗户？多危险啊！”

他一言不发。

我有点生气了，厉声道：“那你说说，路队牌怎么断的？”

他仍然三缄其口。

周围的同学再也忍不住了，纷纷说：“老师，他从架子上拿到路队牌就乱挥舞，说这是猪八戒的铁耙，把我们当妖怪，让我们吃他一耙！我们劝他别玩了，他不听，东耙耙，西耙耙，还追着我们跑，这不，几下就把路队牌弄断了。”

听到这里，我想起了陶行知老先生“四块糖”的故事，这孩子没受伤就是万幸，遂压下怒火，决定冷处理这件事。

上课了，我坐在教室最后面，发现武壮壮偶尔回头看我几眼，我看他时，他的目光很快躲开了。

下课了，几个同学围在我办公桌周边，叽叽喳喳地说着话。

我让他们回避一下，把武壮壮叫过来，摸着他的头，不由夸赞道："你是武林高手啊！从两米多高的窗户上跳下来，竟然毫发未伤，真厉害！"

他抬起头，有点不好意思地说："这算什么！"

我接着说："谢谢你主动拿路队牌，这是为班级做好事，你是热爱班集体的好学生！"

没想到他哭了，边哭边说："老师，我不该乱拿乱玩路队牌，还把它弄断了，我错了，我让妈妈赔个新的行吗？"

我说："男子汉敢作敢当，非常棒！还记得前几天我们刚刚背诵的名言吗？'人谁无过，过而能改，善莫大焉。'你知错改错，这是非常宝贵的品质！老师当家，这路队牌不用你赔了，咱们一起修修它好吗？"

他小声地说："老师，我爬窗户跳进来，就是想拿讲桌上的透明胶带，用它把路队牌的头和杆子缠在一起。"

我双手一拍，对他竖起大拇指："好办法！你真聪明！我怎么就没想起来呢？下课我们按你的办法修，好吗？快回去准备上课吧！"

他美滋滋地走回了座位。

上课铃声响了，我临时把我这节语文课改为了班会课。

我请同学们讨论：路队牌金贵还是武壮壮同学的身体金贵？

同学们各抒己见。

有的说路队牌金贵，它是班级的象征，我们要保护它。

有的同学说身体金贵，安全第一。

我问同学们："路队牌坏了，我们可以修吗？可以换新的吗？如果身体受伤了，谁肉疼？谁心疼？"

同学们说："路队牌能修、能换，身体受伤，我们肉疼，老师和爸爸妈妈会心疼的。"

接下来，我请同学们讨论第二个问题：爬窗跳窗为修路队牌，值不值得？

同学们畅所欲言。

有的说，修路队牌是对的，但不能爬窗跳窗。摔断腿、摔破头怎么办？不值得。

有的同学说，等带钥匙的同学来了，再找工具修不就行了吗？

还有的同学说，武壮壮是做了错事，怕老师批评他，怕同学们嫌弃他，想早点修好，弥补自己的错误！

听到这里，我不由得佩服这些孩子们，看问题越来越深，越来越透了！

趁机，我提出了第三个问题：怎样弥补这个错误？

同学们八仙过海，各显其能。

有的说，让家长帮忙买新的。

有的说，找同学帮忙修一修。

有的说，为班级扫地一周，将功补过！

这时武壮壮站起来，说："对不起，老师！对不起，同学们！我如果遵守纪律，就不会出现这样的事了！以后我不乱拿乱舞路队牌了，我听老师的话，只有轮到我当路队长的时候，我才能去拿路队牌！"

平时的课堂教学，我们以生为本，让学生站在讲台的中央，发表自己的看法，展示自己的收获，孩子们总是给我们以惊喜。今天的班会课，同学们设身处地地就这事谈论自己的感想，有了新的认识，同样给我了惊喜。这时，我请武壮壮同学把自己的修补方法说一说，又让他找了一个同学当帮手。我们师生三人齐动手，用长长的透明胶带，缠呀缠呀缠，绕呀绕呀绕，把路队牌上下缠绕，左右包裹，包成了粽子，包成了伤病员的模样，终于把路队牌的头和杆子绑在了一起。对了，让同学们就此事写篇文章吧。瞧，一篇生动的作文素材，也应运而生啦！教书育人两不误，一举两得乐开怀！

武壮壮同学，这个上学期转来、书写潦草、成绩糟糕、各方面习惯都没走上正轨的同学，经过此事的洗礼，也许会有新的转变吧！

“入班办公”，让我这个班主任有了全面细致了解孩子们心声的好机会，及时抓住了处理问题的好时机，呵护了孩子那颗敏感脆弱的心！苏霍姆林斯基还说过：“让每一个学生在学校里抬起头来走路。”是的，爱，永远是教育的真谛！尊重孩子，永远是沟通交流的基础！问题即课题。愿一个个小问题的圆满解决，成就每一个孩子的大大未来！哪怕这个孩子暂时是个落后的孩子！

二、成功的快乐比什么都重要

记得有一位哲人说过：“使人前进的最大的刺激物，是成功的感觉。做了一点事的人，无论事情大小，只要他尝到一点成功的快乐，便会渴望再次成功的光荣。”

所言不虚。

“路队牌事件”后，武壮壮同学主动为班级打扫卫生一周。今天他又早早到校。七点二十分时我到教室，他已扫完地，倒完垃圾，正在教室拖地呢！他一手一个拖把，身体前倾，后腿猛蹬，一排排，按顺序拖。所过之处，明净如镜。看看两个耙子，用水冲得干干净净，垃圾桶也是如此，净如水桶。八把笤帚，排得整整齐齐，犹如列队的士兵。

我请同学们看看，评评，同学们都赞不绝口。他干得更带劲啦！一周过去，按照约定，他不用天天再打扫卫生了，可他似乎干上了瘾，不是他值日，他也照干不误，乐此不疲！

“这样的劳动标兵，怎能不是劳动委员呢？”我对他说，“班级卫生由你负责，为师是一百个放心啊！”

坏了，这样一来，他连课间都不想休息啦，东找找，西瞧瞧，极小的纸屑、细细的沙粒、小小的笔帽、牛奶吸管的透明塑料袋等，都别想逃过他的眼睛，想躺在我们教室的地板上玩玩？门都没有！有时，他检查地板，我就排排桌子，和他聊聊天。

有一次上课，他说了一个拟人句：小鸟在枝头歌唱。结果单元测试上真有一道题要求写个拟人句。很多同学就写了武壮壮同学说的这个句子，因为简单好写啊！我夸赞他思维敏捷，竟然能猜到出题老师出什么题。从那以后，他听课认真极了，经常举手发言，常常妙语连珠，语出惊人。虽然写字还是很慢，不工整，但至少他进步了呀！

怎样让他持续保持学习的动力呢?

我想起了全国著名班主任魏书生的话:“后进生读书几年,长期后进,他们显然不缺少批评,不缺少指责,经常得到的是冷落,很少得到赠予与奖励,这时,我们赠他一点纪念品,不是雪中送炭吗?”所以,今年“六一”儿童节,我们隆重地过!谁当班级主持人,哪些同学表演节目,怎样装扮教室,何时发奖状、奖品等,师生共商量。

武壮壮和同学们一起装扮教室,家长们为同学们买了蛋糕、西瓜、棒棒糖等,学校提供了一定的奖状和充足的奖品,我为每位同学购置了一盒24色油画棒。当武壮壮同学吃着零食、赏着节目、拿着奖状、抱着奖品咧开嘴大笑的时候,三年级(6)班已经成了他温暖的家,成了他的成长乐园,成了他的心灵港湾!

一花独放不是春,百花齐放春满园。

入班办公,让教育的百花园,朵朵放光彩!

用心去感受，用爱去关怀

倪帆

“青春语文”首倡者王君曾经说过：“班主任首先是一个陪伴者，其次才是一个管理者。班主任最好的办公位置，一定是在教室里，一定是在学生群中。班主任最重要的工作，就是感受学生的感受，体验学生的体验，经历学生的经历……有了这些感受、体验和经历，我们才有可能找到工作的起点。”

一、小祥

我们班有一位特殊学生，无论做什么，都需要有人陪同协助。他的同桌小祥便主动承担起了照顾他的责任，上课会替他举手向老师转达他的想法；在他想呕吐的时候主动陪他去厕所，并轻轻拍他的背；吃饭的时候主动领着他。平时说话嗓门超大的小祥，竟然会很温柔地对他说话。

我曾问小祥：“为什么对同桌这般照顾？”

他只是摸摸头，傻笑着回答了一句：“因为他小。”

其实这位同学年龄不小，甚至比小祥还大一点。只是在这位善良的孩子眼里，他小。于是，我便以此入手，继续探索他身上的闪光点，并及时给予他鼓励。后来我想，不如就从他的书写入手吧。

他的书写还不错，就是不认真对待。刚开始他的笔记写得很不认真，我便跟他说："字如其人，你人这么好，这么善良，字更得好好写。其实你的字很漂亮，不信你认真写写试试。"

果然，下次交的笔记，认真了好多。

我立马给他留下印章进行鼓励。

从那以后，他的作业再也没有潦草过。这种激励作用真神奇，他的课堂表现也越来越好。

二、小李

小李在我们班属于后进生，课堂上的他总是不知道自己该做什么，不该做什么。学习也是间歇性的，偶尔几天表现还不错，可总是不能长久坚持。为此各位老师也是煞费苦心。

小李的奶奶对我说："我这个孙子，可怎么弄啊！在家里他爸爸经常打他，也不管用，他妈妈一回家就被缠着要手机。有时候气得我都想打他，平时有点啥事，怎么问都不说话。"

我问："平时他做错事情，他父母会问他原因吗？还是上来就打他？"

他奶奶告诉我："刚开始问，问了就说他胡说，后来也不问了，做错事情就会挨打，他慢慢也变得不爱说了。"

原来如此。

经过反思，我好像和他父母一样，没有倾听过他的声音。

看到他趴在桌子上不认真听课的时候，劈头盖脸就是一顿批，从来没有问过他原因。

也许他是身体不舒服呢？

后来，我便转变了对他的教育方法，不再是怒目相向，而是心平气和。

利用“入班办公”之便，下课的空隙，我总会把他叫到身边跟他聊天，不聊学习，只聊他的兴趣。刚开始，他半天说不出来一句话，后来能跟我聊得热火朝天，我知道这个孩子在慢慢地打开自己的心扉。

偶然一次课间，他主动跑过来问我：“老师，你会背《满江红》吗？”

我笑了笑说：“我会背呀，怎么，你是不是也会背？”

他害羞地点点头。

我说：“那你背给我听听吧。”

他的头摇得像拨浪鼓似的。

我说：“来吧，老师相信你可以的！”

果然，他很流利地背了出来，虽然声音很小。

我立马夸奖他说：“你很棒啊，《满江红》挺难的，你得背了很长时间吧。”

他骄傲地说：“没有，老师，我一会儿就背下来了。”

我对他竖起了大拇指，接着说：“你真厉害！老师都背了好一会儿才背下来呢，看来你对诗词很感兴趣。其实我们课本上的诗词可比这个简单多了，你不妨都背背。”

说罢，奖励他一颗糖果，便让他回去了。

后来他的妈妈跟我说，上次我给了他一颗糖，可把他高兴坏了，嘴里念叨了好几天呢。

听完他妈妈的话，我心里也特别高兴。

转眼要过“六一”了。活动前征集节目时，他妈妈联系我说，小李想要表演个节目，他想背诵《满江红》给全班同学听，但是要以录视频的方式，我欣然答应了。毕竟之前要求他给我一个人背时他还很害羞呢。

他妈妈在“六一”前一天将视频发给了我，并告诉我，视频录了好多遍呢。我心里真是欣慰极了，心想：看来，他也很在意自己在同学们心中的印象啊，不妨试试让他现场背，效果一定更好。

节目开始前，我把他叫过来，对他说：“你录的视频我看了，你背得很好，如果你能站在讲台上现场背那就更好了！同学们一定会为你鼓掌的。”

听到我的话，他把眼睛瞪得像铜铃一样，又是摇头又是摆手，嘴里还嘟囔着：“老师，不要啊！”

我继续说：“相信我，你真的背得很好，班里很多同学都不会背《满江红》呢！”

他终于被我说服了，在教室里现场背了《满江红》，声音比上次给我背的时候大多了。

他的表现收获了同学们的连连称赞，大家都在说：“你好厉害啊，这首诗你都会背！”

“你真是深藏不露啊！”

……

他也收获了大家雷鸣般的掌声。

看着他高兴的样子，我的心里也如同吃了蜜一般。

自那以后，他变得更加自信了，能坚持认真听课的时间比以前长多了。

三、小军

以往每次考试，他总是拖拖拉拉，甚至交白卷。每次我都是很气愤地说他一顿，可是并没有用，下回他依旧我行我素。后来，我在想，硬的不吃，试试软的吧。

一次考试之前，我走到他跟前："小军，敢不敢跟老师打个赌？"

他疑惑地看着我，我继续说："这次你把作文认认真真写完，你的语文成绩肯定突破'80'大关。"

他坚定地摇了摇头。我笑着说："这么不信任你自己啊，那你觉得自己能考多少呢？"

他迟疑了一会，吞吞吐吐地说："我觉得也就六七十。"

我说："老师觉得你可以的，不信你就认真做。"

结果我发现，那场考试，他真的有认认真真做题，但是他写字慢，作文还是没有写完，可是前面的基础知识他全做完了。他认真对待了，对他来说就是最大的进步。他已经在慢慢发生改变了。相信经过他的努力，他一定会越来越好。其实，每一位学生身上都有闪光点，只是老师没有发现。"入班办公"就为我们提供了观察学生、了解学生、走近学生的机会。

教育家苏霍姆林斯基说："我们应当了解孩子的长处和

弱点，理解他的思想和内心感受，小心翼翼地去接触他的心灵。”

在我的眼里，每一位学生都是含苞待放的花蕾，作为班主任，我们有责任让他们都绚丽绽放，特别是那些“带刺的花蕾”，我们更应该多一些关心和爱护。

以爱之名，一路同行

——孩子们在“故事”中悄然改变

牛和云

如果说花朵的事业是鲜艳，果实的事业是丰硕，而相比之下，我却更喜欢绿叶的事业——默默奉献，朴实无华。教师的工作就像绿叶，虽然没有叱咤风云的气势，也没有可歌可泣的故事，但是他们用真心真情，用不断奋进的脚步，默默地践行着对教育事业的忠诚。在教育之路上，默默地守护着最美的“花朵”。学校推行“入班办公”，让我更加能“明目张胆”地以爱之名，陪伴孩子们一路同行。

蓦然回首，发现自己与孩子们已经相处了三个春秋，这三年来有迷茫与泪水，也有幸运和惊喜，还有太多太多难忘的故事。

一、孤僻的小然

每个孩子都是不一样的，而每个孩子背后代表的家庭必然也是各不相同的。

我们班有位小然同学，小小的个头，圆圆的脸庞上时而团着两朵红云，乌黑发亮的眼珠瞧着你时总滴溜溜地转，看着元气满满又乖巧“软糯”，让人喜欢。然而正是这样一个看似活泼的女孩，却极为安静，甚至是孤僻。她爱蜷缩在教室的一隅，像一个从不露出触角的蜗牛，把自己紧紧裹在蜗壳之中，采取“闭关锁国”政策，对外不理不睬。课间，孩子们围在我的办公桌前，叽叽喳喳地说个不停，楼道里、操场上都是孩子们狂欢、沸腾的身影，而极少能够见到她和同学们相谈的情景。

最初，我本认为小然是本性喜静，只是想在学校做一个默默学习的“小透明”，便关注甚少。然而后期的作业情况以及课堂上的表现等，却让我感受到并非如此。小然的作业本上总是寥寥几笔，甚至面对各科考试也极为“吝惜笔墨”。一张语文试卷放眼望去，黑色字体竟是以“点状”呈现。而她的一次课堂表现，更是直接触发了我的行动。

二、局促的小然

那是一节英语课，课前英语老师领着孩子们轮流复习英语单词和句式，一切都在井然有序地进行。由于之前英语老师三令五申过翻译单词意思时禁止边看书边回答，故学生们早已合上书本，都抬着小脑袋时而看看幻灯片上出现的单词，时而瞅瞅同学起身回答时的面庞。

和谐的场景却在轮到她时被打破，她迟缓起身的犹豫，拉开椅子时的停顿，都透露着紧张和不安。迎面而来的当然不是自信的回答，而是长久的沉默。无论英语老师是轻声提醒，还是鼓励打气，小然始终低着头，用她涨红的面颊及耳根告诉众人她的赧然。其他孩子窸窸窣窣地骚动起来，开始窃窃私语，这让她更加局促。若同学们的关注点长久聚焦在她的身上，她的心理压力会更大。无奈之下，英语老师只好让她翻开课本说出答案。可即便如此，她仍是踟蹰半晌才得以完成，过程之艰辛，实难赘述。

三、无奈的小然

种种情况如数箭齐发。各科的课堂中，她的表现皆是如此，作为老师既有所体察，自然不能再由之任之。明面上，我继续观察，寻找契机。私下则旁敲侧击，询问同学，联系家长。

从众人口中得知：小时候的小然开朗活泼，一切变化，源于父母离异。在父母离异后，小然就跟着年迈的爷爷奶奶，真希望爷爷奶奶能让她体会亲人的关爱。遗憾的是，爷爷奶奶节俭的生活习惯，絮絮叨叨的交流方式使她有了抵触心理，进而变得沉默，本就处于情绪动荡期的小然，心绪无从述说。在那个夏天里，她没有拥抱到炽热的快乐，却被迫学会了将一切藏匿于心，不表达，不沟通。

四、慢慢地靠近小然

“冰冻三尺，非一日之寒。”小然的情况绝非朝夕间所能改变的，这必是一场马拉松式的战役。了解了小然的特殊情况后，我希望群策群力，让大家共同帮助小然。

我与小然同组的孩子们建立了长线沟通，组员们积极讨论时总是鼓励她发言，组长也会给她安排收作业等小任务。

与其他任课老师积极交流，课堂中只要老师发现她的闪光点，就会不遗余力地夸赞她。

在接下来的时间里，我对小然投入了更多的关注。课间空闲时，会把她喊到身边，让她坐下，同她平视着聊天。一开始收效甚微，她拘谨且抗拒，像一只小刺猬竖起尖刺，抵御着老师的示好。我坚持每天都这样做，直到她发现她的沉默奈何不了眼前这位关切着她的人，渐渐也会用一两个字来回应。我知道，我已经慢慢地靠近了她。

五、眼睛明亮了的小然

“小然，老师这有一本《小王子的领悟》，借给你！”

她的同桌说她有一本《小王子的领悟》的手账，做的精美极了，了解到她很喜欢小王子后，我就找到了突破口。

“真的吗？”她的眼睛明亮了起来。

“当然！我也超级喜欢呢，你快看，看完后咱们聊聊各自喜欢的部分，好吗？”

“好！”

这一次我觉得我又近了一步，至少她不再是拒绝。

不久，小然奶奶便高兴地传来最新“线报”。小然开始和他们交流，回家后也能说一说学校发生的事情，有说有笑。这让奶奶对小然的愧疚减轻了一些。

小然重拾爱好，画画、写日记，这是一个多么好的契机！于是我就大力支持她，把她的画在“六一”儿童节的时候张贴到了后边的黑板报上；为她的日记做批改、写评语，并告诉她，即使做不到言语上的倾诉也无妨，将所思所想诉诸笔端，同样能让心中的沉重轻盈起来。

作文课上，老师会分享她的作品，请她朗读片段，锻炼她在众人前表达自己的能力。这一举措效果极好，除了日记、画画，她的作业本也开始写得满当。

虽然，她依旧会害羞胆怯，却不再抗拒他人的示好；有时还会孤身一人，但不再拒绝与同学交往；偶尔在上课时会游离于课堂之外，但当在其他课上，我观察到老师点她名时，她不再不知所措。

六、给我惊喜的小然

一天，在忙碌之余，我竟然收到她悄悄准备的小惊喜。我的桌子上放着一个小小的巧克力，下面压着一张纸条："老师，您辛苦了！我一定会好好学习，不让您失望的！"一块小小的巧克力，甜到了我的心底，眼泪不自觉地从眼角流出。

期末将至，大家已可以经常看到小然在课上举起的小手，听到她发言时铿锵有力的声音。这场"救援行动"终于在小然的成长之路上起到了切实有效的作用。

是啊，面对复杂的孩子，唯有不急不躁，利用机会，才能让改变真正发生。事实上，这场行动帮助了小然，更警醒了我。

浅喜似白云，深爱如长风，所爱隔山海，山海皆可平。教育的初心就是用最深沉的爱去摇动一棵树，去抚慰一朵云，去唤醒一个灵魂。教师的使命就是用最真诚的态度，在"责任担当清单"上按下一个个鲜红的指印，以责任的名义将爱进行到底。心之所向，助力成长，用心护航，快乐绽放。

我们的故事未完待续

王永丽

“丁零零……”随着清脆的下课铃声，班里的几位同学如约来到办公室，他们七手八脚地将我办公室的电脑、书籍材料等搬到了教室后面的办公桌上。入班办公，我与孩子们的故事也拉开帷幕……

一、每一个孩子都可以是一朵云

入班办公的第二天课间，孩子们围过来与我攀谈。有的告诉我他们家里发生的事情，有的前来投诉同学，有的过来请教问题。在叽叽叽喳喳的声音中我捕捉到一个弱弱的声音：“老师，给你。”我转头一看，原来是零食督查员欣然同学，他低着头好像有些不好意思。我轻轻接过他手中的东西，噢！原来是一个鼠标垫，一定是他昨天帮我搬东西时发现我电脑旁没有鼠标垫，才送我这样一个礼物。我心里暗想：这个小男孩不但乐于助人而且还很细心哩！以前我怎么没有发现呢？我连声回道：“谢谢，谢谢！”还没来得及更多交流，上课铃就响了。

语文课上，坐在教室后面看着纯真、可爱的孩子们上课的背影，我思绪万千。这些孩子中有好多同学我都不同程度地批评过，他们没有一个记恨老师，还是以十二分的真诚爱着他们的老师。孩子送我东西时一定希望看到老师收到礼物后欢喜的样子，这也是我与学生产生情感链接的好机会，显然我的回应力度不够，搞不好会错失教育良机，怎么补救呢？我灵机一动，计上心来，我赶忙找来即时贴写下这样一段话：“感谢欣然同学送我鼠标垫，真是雪中送炭，礼物我超喜欢呢！他又细心又热情，我好感动！”结尾处还画了一个小笑脸。

再下课时，我把即时贴钉在班里“夸夸墙”上，果然没几分钟就听有人在班里对欣然同学说他上“夸夸墙”了。作为回赠，我送给他一本我正在研读的《费曼学习法》，并鼓励他要努力把学习赶上。

后来几天里，我明显感觉到欣然同学上课举手次数多了，他妈妈也打来电话，告诉我最近发现孩子作业正确率提高了很多，做事积极性也很高，非常感谢老师的教导。我与家长约定利用狄德罗效应共同携手帮孩子在各方面再提高一些。

欣然同学比以前更忙了，天天检查同学们有没有带零食。我告诉他：“我们扣分的目的是让大家改掉在校吃零食的不良习惯，你和同学们每天生活在一起，一定比我更了解他们的心思，工作中要动脑筋想想，怎样让同学们都像你一样能不断进步。”

后来，听同学们说，班里几个学生被欣然同学列入重点检查名单中，有事没事就查他们一次，班里的垃圾桶中出现零食包装袋，欣然也会警觉地去调查。

一天，欣然同学向我汇报，班里的雨珊同学最近没带零食也没带手机，在没和我商量的前提下就给他加了一分，而且还学着我的样子狠狠地表扬了雨珊同学。

听罢，我心中窃喜，看来这小伙子开始琢磨怎样推动大家进步了。

德国著名哲学家雅斯贝尔斯曾经说过：“教育的本质是一棵树摇动另一棵树，一朵云推动另一朵云，一个灵魂唤醒另一个灵魂。”一直以来，我都认为这一朵云指的是老师，从欣然同学的故事中，我突然意识到，其实每一个孩子都可以是一朵云，能推动身边的另一朵云。

二、教育就是要“小火慢炖”

魏书生老师管理班级的一个重要方法就是：事事有人做，人人有事做。也是基于这种想法，我们班有30多位同学都有负责的项目，我把这叫作“找工作”。

我记性不好经常忘关电脑，何不借机设个新岗位专门负责关电脑和打扫桌面?

我一下子瞅上了一诺同学。为什么呢？因为她在最后一排离我的电脑最近，而且以她内向的性格，想让她自己认领工作，估计是够呛，我得推她一把。

下课的时候，我故意问她在班里有没有工作，她回答说没有。我假装惊讶地说道：“不可能呀！像你这么优秀的孩子，没工作吗？那这样，从今天开始，老师就和你是邻居了，远亲不如近邻，你给老师帮个忙，天天帮我关电脑怎么样？”

还没等她反应过来，我又加了一句：“这个事挺简单，你能干得了，来，我教你。”

就这样，“入班办公”顺带给一诺找了一份工作。

第二天，本以为孩子会打扫得干干净净，我兴冲冲到办公桌前一看，心情沉到谷底，桌面明显没动过，电脑倒是关着，可到底是不是我自己关的我也记不清了。

我暗自思忖：要么是我的要求不够明确，要么就是我还没走进孩子的心里，不然不会有这种情况。

我假装不明就里，对她说：“你很负责，谢谢你帮我关电脑。”

第三天到校后，我特意先到办公桌前看了一眼，电脑关着，办公桌也有用水擦过的痕迹，一诺同学正式“上岗”了。

我十分清楚，对这个孩子的转化之路还长着呢。

“见面三分情”，为更快地走进孩子的心里，我不放过任何一个与她接触的机会。

上课的时候我有时会借她的尺子、铅笔等东西，下课的时候也会让她给我帮忙翻作业本或收发试卷。

我与一诺的交流从最初的“作业完成了吗？”“昨天几点休息的？”这样的简单话语开始渐渐涉及其他方面。

有时趁放学的空儿，我也会偷偷塞给她一个小零食，师生间关系趋向融洽。

一次闲聊中，我问她为什么上课回答问题时声音那么小，她告诉我，是因为她以前学习基础不好，家长都忙，没人辅导。

了解到她的困难，我让她从班里挑选一位小老师帮她补课。慢慢地，一诺同学上课回答问题的声音，全班都能听到了，她的状态也不像以前那么局促。每当此时我总是在课上表扬她，鼓励她。

虽然一诺在其他方面还没有太大的变化，但是我想只要方向是对的，就不必着急非要看见翻天覆地的变化。就像有人说的那样，教育就是要“小火慢炖”，最后那个滋味才能出来。

三、每一个问题都是一把锁

子祥同学是一个很特别的男孩子。接班后第一次见到他，就觉得他十分招人喜欢。他个头不高，但皮肤很白，胖嘟嘟的脸庞上嵌着一双大眼睛，一头卷发更显出他的可爱。

但一段时间下来，才发现真是“人不可貌相”。任课老师向我诉苦：“子祥上课时总说话，老师教育他一句，他得顶十句，自己浑身是理不服管教。”同学们也向我告诉子祥的违纪行为，而且根本不把班干部当回事。

一次课间操后，他和班里另一位男同学发生了冲突，我立马让学生把双方当事人找来。子祥站在我身边，一条腿直立着，另一只脚叉开很远，胯往一边斜着，头歪在一边，整个一副不服气的样子。

动之以情，晓之以理。

对方同学很快认识到了自己的错误，再看看子祥同学，眼睛斜向一边，无论你怎么做工作，他最多就是迫于老师威严“嗯，嗯”应付两句，自始至终没有认错的表现。后来在处理他的问题上，我变换方法采用鼓励、表扬为主，但收效甚微。整个一“刀枪不入”。

入班办公后，我天天在教室后面观察他，发现课下别的同学和他闹着玩、拍他时，他会不自觉地抬手，使劲往外挡，如果是其他同学，不会有这种反应的。我猜测孩子在家可能时常挨打。

带着这样的猜测，我主动联系了子祥的家长。子祥爸爸开大车很少回家，妈妈一人在家也管不了孩子，子祥爸爸在教育孩子方面简单粗暴，有时会打孩子。

了解到情况后，我当即给家长传授了一些教育、帮助孩子的正确方法，并表示希望家长和老师一起努力帮助孩子，让其认识到自己身上的问题并加以改正。

科学课上，我照例坐在教室后面办公，课中有两个孩子没完成作业，老师郑重地告诉大家：“无论你有什么特殊情况，只要是没完成作业，都得遵守班级公约，所有人一律平等！”科学老师说完后，就听到子祥同学随声附和道：“就是，就是。”

我突然眼前一亮。也许“公平”两个字才是他最在乎的，以后我可以试试用他的思想体系来给他做思想工作，我暗自思忖着。

一天，我从同学口中得知：他的卷发是烫的。

我非常吃惊，教学这么多年见过女生烫发的，男生烫发还是第一次遇到。

我当即脱口而出："小学生日常行为规范中明确规定男生不准留长发，更别说烫发了，我在班里天天强调纪律，别的同学都能遵守，唯独你不遵守，你觉得这样算公平公正吗？"

他听到后，先是抬了一下头，想开口争辩，但最终还是咽了回去。

周一再回来的时候，他的卷发变直了，没想到这一招还真管用。

为了更好地帮助子祥进步，我们召开了以"公平"为主题的班会课，课上全班讨论了以下几个问题：

什么是公平公正？

有没有绝对的公平公正？

如果你是老师，在同学之间出现摩擦的时候，怎样处理才算最公正？

后来子祥再和别人发生矛盾时，我就从"公平"这两个字上做文章。

再后来，我发现子祥同学比以前好相处多了，和同学打架的频率也越来越低，我也经常在班里表扬他。

前两天我讲一道题的时候，下课铃声响了。马上要毕业了，课程很紧，我自作主张告诉孩子们："拖堂两分钟，讲完这道题。"

我话音刚落，有两个同学发出"唉"的声音。

子祥嚷了一句："不就两分钟吗？听听还怎么着？"

我听到后，甚是高兴，这小子现在知道维护我了。

在学校和家长的共同努力下，子祥的学校生活慢慢步入

"正轨"，我也终于可以松口气了。

如果把孩子身上的问题比作一把锁，那我们要做的就是努力找到打开这把锁的钥匙，帮助孩子成长提升。

我很幸运在"入班办公"的过程中找到了这样一把钥匙。

入班办公不是为了对学生进行监视和控制，而是通过入班办公及时了解学生学习、生活情况，适时帮助他们解决问题，促进孩子成长，在实践"三全"育人的道路上，我们也将一路前行。我们的故事未完待续。

以爱育人　润物无声

徐静雅

自踏上三尺讲台，我一直认为教师要站在高处才够威严，才能更好地传道、授业、解惑，直到入班办公我才懂得，原来近在咫尺的陪伴才是最有效果的。

一、一把梳子和一盒小发卡

入班办公第一天，我早早地来到教室办公桌旁坐好，开始我的工作。不一会儿，伴随着稀稀拉拉走进教室的脚步声，我知道孩子们陆续来了。我故意没抬头，偷偷观察他们看到我坐在教室后面的反应。

果然，来到教室的同学不约而同地按下静音键，蹑手蹑脚地放水杯，整理桌洞，然后坐下拿出课本。一时间，分外安静的教室和外面热闹的走廊呈现出鲜明的对比。

我得意地想：看来孩子们心里还是怕我的。转念又暗自思忖：如果孩子们对老师仅仅是怕，那又如何更好地走进他们心里并帮助他们呢？我得想个办法。

又是一天的清晨，阳光温柔地洒在教室的地面上。孩子们陆陆续续走进教室，这时候一个特别的身影映入我的眼帘。她叫小玲，是一个皮肤很白，个子高高的女生。上课时总会听到她窃窃私语的声音，每次提问她回答问题，她又总是闭口不言。她脾气有些倔强，有两次我批评她的时候，都看到她偷偷翻白眼、撇嘴巴，似乎很不服气。今天她又顶着一头乱糟糟的头发来了，这和周围梳着精致小辫子的同学形成了强烈的对比。

“小玲”，我把她叫到身边，尽可能温柔地问她：“妈妈是不是上班去了，没给你梳头啊？”

“嗯。”她低声回答我。

“你自己不会梳头吗？”

“我头发太厚了，我手抓不过来。”她小声说。

“哦。”原来是这样，终于解开了我心里的一个谜团，怪不得每天看到她时她的头发都乱糟糟的。

我示意她转过身去，给她松开了头发，因为没有梳子，我就用手指给她梳顺发丝。还好，她只是头发厚，倒是也没有打结。

我边给她梳头边跟她聊天。从她口中我得知，她们家姐妹三人，她的爸爸妈妈每天都要上班，妈妈上夜班，每天她们上学的时候，妈妈都还没下班回家，所以她的头发都是自己或者爸爸给她草草梳完了事。

我听她说着，心里默默沉思：班里像她这种情况的孩子不在少数，父母忙着上班，中午在托管睡午觉，托管老师也不怎么管梳头发的事情，头发乱糟糟的会影响孩子们良好生活习惯的养成，我得想办法解决这个问题。

“好了，”我笑眯眯地跟她说，“你喜欢高马尾吗？”

我给她梳的是高马尾，头发梳起来，人也显得精神多了。

“好看吗？”我问了问围在周围的孩子。

“好看！”孩子们齐声说。

“小玲，你太漂亮了！”

“小玲，你真好看！”

“哇，老师真厉害。”

说得小玲都有些害羞了，弯弯的眼睛里似乎有细碎的光芒。

接下来的一整天，我看到她一直都在偷偷看我，当我转过头的时候，她却赶紧趴下装睡，可爱极了。

从那以后，我的包里多了一把梳子和一盒小发卡，而我们班里，再也没有头发乱糟糟的女生。

随着我给梳头的孩子越来越多，下课后围在我身边的孩子也越来越多。这群“小麻雀”，好像有无数个话题要和我分享。

“老师，老师，我家的弟弟可调皮了……”

“老师，老师，你最喜欢什么颜色……”

“老师，老师，我给你出个脑筋急转弯吧！”

甚至于我们班有几个小女生，每天都等着和我一起去洗手间，每天去趟厕所，都一队“尾巴”跟着，也是一处别样的风景吧！

渐渐地，我的跟班越来越多，我身后的队伍越来越壮大，我明显感觉到：他们看我的眼神，再也不是畏惧的服从，而是多了一些其他的东西，一些我愿意拼尽全力守护的东西。

二、“小差事”与“积分卡”

小冬是我接这个班后最头疼的孩子之一。他好动，别说一节课了，哪怕是15分钟他都坐不住。不仅如此，他每节课都会出“新花样”，比如音乐课上得好好的，他会在后面跳舞；别的同学认真写字的时候，他忽然在地上爬了起来……他的一系列行为常常惹得同学们哄堂大笑，导致任课老师一次次把他送到我的办公室。

入班办公以后，由于小冬的位置在班里的最后一排，我们成了“同桌”。我开始近距离观察起我的这位“同桌”。

我看到他喜欢手舞足蹈，即便没有人和他说话，他也会每隔一段时间表演一段。有时会摆摆双臂，像一只腾飞的老鹰；有时会变换手势，像一只威武的狮子；而有时又乖巧地趴着，像一只温顺的小猫。这个“千奇百怪”的孩子，每节课都给我不同的“惊喜”。

直到有一天，我发现了不同的情况。

那是一节围棋课，我照旧坐到班里最后面，围棋老师铺好棋盘开始上课。这时我观察到我身边坐着的小冬突然认真了起来，端正的坐姿，专注的神情，随时待命一般。我从来没有见过这样的小冬。我已经习惯了课上调皮的他，忽然认真起来，我顿时觉得极不适应。他一直认真看着棋盘，随时举起右手，嘴里还一直念叨着“打吃”“断点”“虎口”等一系列我不是很懂的围棋术语。我突然惭愧起来，原来这个孩子并不是一无是处，而是他专注的不是我所授课的内容而已。

接下来，我开始更加认真地观察他。我发现，他对一些相对来说比较偏门的知识，特别有自己的见解。

有一次，我让他上讲台分享自己喜欢的动画片。他说，自己看过一个影片，里面有一条龙叫彩虹龙，是一种近鸟类恐龙，因为它的头部、颈部和尾部的羽毛具有彩虹般的光泽而得名。听听，听听，这一系列专业术语，哪里像是以前课都不上的学生展示出来的?

发现了他的这些优点后，我和他进行了一次谈话。我问他："为什么以前上课的时候会跳舞、爬行?"

他很干脆地告诉我："老师，因为那时候我觉得自己是一只狮子，我要在自己的草原上欢乐地舞蹈。"

他的回答让我大为震惊。这个孩子，他拥有着多么丰富的内心世界啊，他在这个世界里有着自己的喜怒哀乐，只是我不能理解而已。

等他再次在课堂上跳舞之后，我走到他的身边，轻声跟他说："狮子，狮子，在你自己的领地休息吧，不要打扰到其他同学哦!"他会很安静地坐下，静静地趴着。

我给他安排了一些"小差事"，比如：去办公室拿试卷；拿课堂作业本；整理班里的水杯……

把工作交给他前，我询问他能否胜任，他总是郑重其事地点头。每一次他都是兴奋地完成，迎接我毫不吝啬的夸奖。

从那以后，每一个课间他也不再出去疯跑了，尽职尽责地在自己的座位上，眼睛一刻也不离自己的"管理区"，哪怕一个杯子放歪了，他也赶紧跑过去将它整理好。

在我们班，每当同学表现好的时候，我都给他们发积分，积分攒够20分后，再给他们兑礼品，这是我们班的一个传统。以往这些奖励离小冬很遥远，但是自从有了这份“差事”后，他在我这里领的积分越来越多。

直到有一天，他跑来告诉我，“老师，老师，我也快要能兑礼品了。”

我被他明亮的笑容所感染，鼓励他：“继续加油，老师给你准备一份大奖品！”

“嗯。”他重重地点了点头，转身又返回了他的“岗位”。

我再也不会因为小冬在校的种种行为而头疼了，因为我已经找到了和他共鸣的点，也找到了能让他接受的，并且行之有效的方法。

我们班的课堂氛围越来越好。

“入班办公”让我越来越明白：教育不是站在某个高处高谈阔论、抒发感慨，而是近距离靠近学生，了解他们细微的不同，然后用自己独到的智慧浸润他们的心灵。所谓“润物细无声”，也就是这个意思吧。

播撒爱心　收获快乐

闫志现

为人师者，把教育作为一生追求的事业来做，用强烈的事业心和责任心去传播科学知识和做人道理。教师的教育情怀自然就表现在每一堂课上，每一次师生交流中，每一次引导学生走出迷茫中，每一个教育学生改正错误的过程中。乐见学生的日进日新，容得下学生的过错，尊重学生的差异，平等对待学优生和学困生。倾注满腔的爱，就如爱自己的孩子那样爱学生。

一、“捣蛋大王”张捣蛋

当了20年的班主任，遇到过很多的小“刺头”，在他们身上，发生过许多令我心酸也令我感动的故事。其中有一个故事给了我永远的鞭策和启迪。

我刚接三年级（8）班时，班里有一个出了名的“捣蛋大王”张同学。他学习成绩差，经常没事找事欺负同学，搞恶作剧，全班同学都惧怕他，暗地里还给他起了一个“了不起”的绰号——“张捣蛋”。

一次，他又打了班里的同学，我不由分说将他揪到教室外，火冒三丈的我对他一顿狠狠训斥。没想到，他不但不服气，还理直气壮地顶撞我。感到颜面尽失又忍无可忍的我厉声呵斥了他，谁知他居然旁若无人地回到教室里去了。当时我被气极了，感到自己受了莫大的委屈和挑衅。

这件事之后，我对他冷若冰霜。而他也不好好听我讲课，经常变着花样捣乱，导致我在上课时总是发脾气。而对于我的大发雷霆，他根本就无动于衷，一副满不在乎的样子。下课后，他变本加厉地欺负同学，每天都给我繁忙的班级管理和教学工作带来更多更大的麻烦。当时，我对这个孩子既恨铁不成钢，又无计可施。

可后来的故事却改变了他，更使我醒悟。那次，我打开抽屉拿作业本，发现抽屉里有一张字条，上面写道：“老师，你一定非常非常讨厌我恨我吧，但我不讨厌你，因为我知道你恨我这块铁不能成为钢，可我受不了你对我毫不留情的训斥，受不了你对我的咆哮。”课下，我把这张字条读了很多很多遍，内心深处有一种说不出的滋味，更有一种难以名状的感觉。一张字条惊醒了总想给学生“下马威”的我，到了我该好好反省的时候了。我决定找张同学谈一谈。

那天下午放学，我和这个“讨厌”的学生进行了一次心平气和的谈话。在谈话中，我首先向他道歉，不该用粗暴的话语伤害他，更不该厉声呵斥他。面对我的改变，他有些不自在，又好像有点受宠若惊，一改往日那副蛮横的样子，向我承认了自己的错误。说自己捣乱、欺负同学都是故意的，原因就是表达对我的不满。他很真诚地表示以后不会这样了，还十分诚恳地对我说：“老师，我喜欢今天的你，相信我也会喜欢以后的你。”最后还问道：“老师，我给你惹了那么多麻烦，你还会喜欢我吗？”我当时毫不犹豫地回答：“我会——但你必须有资格，让我喜欢你。”

这件事虽已过去，但一直深藏在我心底。那张纸条也教育了我，它时刻鞭策着我，时时提醒我：最调皮的孩子也有他最可爱的一面，每个孩子都是鲜活、灵动的个体，有着各自独特的性格。只有理解了这一点，才能去尊重和热爱自己的学生。

二、“爱一个孩子容易，爱全体难。”

在学习上，有几个学生总是跟不上。每次考试，他们个别科目的成绩有的刚及格，有的甚至十几分。虽如此，我对他们没有放弃。因为我知道，放弃一个学生对一个教师来说，不过是放弃了百分之几或百分之十几的希望，而对于一个家庭来说，放弃的却是百分之百的希望啊！

我始终坚信一句话——“只要功夫深，铁杵磨成针”。我见缝插针地利用自己的休息时间为这几名学困生补课。早晨，我第一个走进教室督促学困生背诵易错的内容；放学了，空旷的校园里我为这几名学困生答疑解惑；双休日，我骑上自行车到这几名学困生家里去家访。功夫不负有心人，经过一段时间的努力，这几名学困生都能跟上了，并且成绩逐渐提升。

苏联教育家苏霍姆林斯基曾经说过："爱一个孩子容易，爱全体难。"

班里有些单亲家庭的孩子，他们的思想上总存在这样或那样的问题，幼小的心灵都有不同程度的创伤。对于这些孩子，我经常找他们谈心，嘘寒问暖，及时解决他们的问题，让他们感受到老师的关爱。有些孩子家境贫寒，生活困难，我便在物质上给予帮助，给他们买学习用品、买衣物，让他们能够安下心来好好学习。孩子的内心世界是丰富的，孩子是懂感情的，当我将无私的爱倾泻于他们身上，孩子们回报我的是更加努力学习、积极向上。看着孩子们健康快乐地成长，我感到无比欣慰。

小孩子生性好动，自我约束能力差，他们经常会在无意中犯这样或那样的错误。面对他们的错误，我耐心地告诉孩子们："'人谁无过？过而能改，善莫大焉。'错误并不可怕，可怕的是不悔改。"我也常对孩子们说："老师不会因为你们的一次错误而对你们失去信心，老师相信你们一定会变好的。"我经常与孩子们聊天，观察他们，发现他们身上的闪光点，对于他们的点滴进步，我都会郑重其事地表扬鼓励。"好孩子是表扬出来的。"老师的每一个赞许的目光，每一个鼓励的手势，每一个肯定的微笑，都会给孩子带来前进的动力，都会让孩子更加自信地投入到学习生活中。

我们班有个叫小孙的同学，父亲患有癫痫，兄弟姐妹三个，母亲对他关照不过来。孩子曾经因为闹肚子，多次出现拉裤子的情况。我给他认真擦洗并找裤子给他换下来，然后再通知家长。有位老师曾说："这么脏，等他家长来了，让家长去做算了。”我回应同事：“将心比心，我们做的是良心活，要是我们自己的孩子，肯定不会让孩子就这样忍着吧。”孩子的母亲到校后对我一再表示感谢，让我内心感到：付出就会有收获。虽然是一句简单的话语，却让我感受到了做老师的快乐。

一分耕耘，一分收获。在教育这片广袤的土地上，作为班主任的我虽不能长成参天大树，但愿化作一棵小草，摇曳在淡淡的晨曦和暮霭之中，为这片土地增添一丝生机，为教育事业执着奉献，去谱写育人工作新的篇章。

用爱浇灌　静待花开

张会芹

入班以来，我以倾听者、参与者、洞察者的身份，零距离感受孩子们在校的点点滴滴，去了解学生五彩斑斓的内心世界，捕捉他们的灵动与飞扬，让每个孩子以自己的方式发光，整个班级徜徉在爱的海洋中……

一、有一种爱叫作宽容，架起与学生沟通的桥梁

小学生的心理往往很脆弱，情绪易波动。宽容是一种爱，充满爱的关怀，会改变一个学生的行为。

“老师，小张骂我，他说脏话。”小张是个思维敏捷的孩子，长得也高大阳光，可就是顶着一张阳光的脸，说出来的却是连篇脏话，和阳光半点也搭不上关系。

“小张，你过来一下。你怎么能骂人呢？”

“老师，我知道错了，我会向他道歉的。”

“以后要注意不要再骂人了。”

我单纯地以为小张的骂人行为用简单的教育就能够改过，然而刚过了几天，小张又和另外一名同学骂了起来。

“小张，这次是怎么回事？”我真生气了。

“老师，他在那一直嘀咕说话，我不让他说话，他一直说，我就骂了他。”

“他说话你可以告诉我或者班长，不能骂人。”

“老师我错了。”说着，小张又低下了头。

“一定要记住了，下次不能再骂人了。”我只能重复着。

每次我批评他时，他总是低着头，一副知错就改的样子。看着他认错的态度，我也觉得教育是有效的。可用不了几天，同样的场景又再次出现了。

我联系小张的奶奶，找她聊了孩子说脏话的问题。通过了解，我得知孩子的爸爸和妈妈离婚了，爸爸再婚，妈妈带着妹妹回了他姥姥家。孩子在家里跟着爷爷奶奶生活，爷爷又卧病在床，奶奶既要照顾生病的爷爷，又要照顾小张，年纪大了顾不过来。小张平时回到家里也不写作业，吃完饭要不就玩游戏玩到很晚，甚至到凌晨两三点钟，要不就到外边去玩，也没人管，什么样的人都接触，渐渐有了说脏话的毛病。

了解到小张的家庭情况和他生活的环境后，我把他的座位调到了后边，紧挨着我的办公桌。我给他奶奶说每天早晨早送他到学校一会儿，我看着他写完作业再上早读。其他老师上课的时候我随时观察他上课的状态，及时提醒，并且去图书室里找了好多有教育意义的图书，他下了课除了去厕所，我就让他和我一起看书。开始的时候他坐不住，也读不进去，老是东张西望的，我就和他一起读，读完让他说说读后的感受。一开始，我感觉到他就是应付老师，慢慢地，一周过去了，一个月过去了，我看到他有了明显的变化：下了课也不用我提醒了，没事就坐在座位上看书，有时候看到好玩的地方还会主动和我交流，甚至其他孩子喊他玩他都不愿意搭理了。

我引导小张爱上读书，让他慢慢改掉了说脏话的习惯，学习成绩也进步了许多。我又安排他做了小组长，负责小组的纪律、卫生。他特别负责任，不仅打扫得特别认真，而且打扫完后还要再仔细地检查一遍，一个小碎屑也不漏掉。不仅如此，如果有组员违反纪律，他就用他的三寸不烂之舌去提醒他们，当然不是用骂人的方式去提醒。在班里布置任务的时候，他总是高高举起手："老师，让我来吧！"小张成了老师的小助手，也带领他们小组获得"优胜小组"，成为一个真正的阳光大男孩。

二、有一种爱叫作鼓励，铺就学生奋发进取之路

我们班还有一个叫小高的男孩，特别喜欢被表扬。自从我们班实行了加减分制，他每节课都像打了鸡血一样，表现非常积极，但是只想加分。如果因为表现不好，或者班里有其他同学表现好加分了，而他没有加上分，他就气愤地噘起小嘴儿，不服地大叫着："你就要表扬我！表扬我，表扬我！"小高的情绪非常容易激动，经常又哭又闹的，别人怎么安抚都无济于事。曾有一段时间，我对他又哭又闹的种种行为常常感到束手无策，每次都是以找家长告终。我想，长此以往不利于小高的

成长，毕竟在学校教育小高是我的责任，总是惊扰家长会让家长质疑我的管理能力和作为老师的权威性。

“求木之长者，必固其根本；欲流之远者，必浚其泉源。”想要解决问题，必须从根本上下手。小高家庭比较特殊，爸爸远在上海打工，有时候一年都不回家。虽然他总是管不住自己，违反纪律，但是缺乏关爱的他只是极度想要得到关注和表扬，态度上比较端正。我是一个“啄木鸟”式的老师，孩子身上有一点点错误我就想帮助他改正。

于是，我在网上买了许多奖励小学生的各式各样的小礼品，课下把他叫到我的办公桌前悄悄告诉他：“只要是遇到事情不乱喊乱叫，乖乖听老师的指挥，不但会给他加分，还会奖励给他这些奖品。”小高毫不犹豫地点了点头，我继续说：“老师喜欢一天比一天进步的小朋友，你今天比昨天有进步，老师就要表扬你，奖励你一个礼品。可是你今天早上一到教室坐到座位上，就趴在桌子上玩儿，到座位上应该做什么呀？”小高一改常态，竟然有些害羞，他垂下脑袋，似乎意识到了自己的错误，不好意思地说：“回到座位上应该打开课本读书。”我摸了摸小高的头，刚想开口继续教育小高，没想到小高抬起头来，目光坚定地说：“对不起，老师，明天我一定有进步！”果然，第二天早上，小高早早来到教室，快速收拾好书包，拿出课本，端端正正地坐好，认真地读了起来。那读课文的声音，多么清脆，多么响亮。我会心一笑，如释重负。

小高仍然想得到老师的表扬，可不再是声嘶力竭地吼着“我想要表扬”，也不再嚎啕大哭。他学会了在课间主动帮助同学对齐桌子，放学后帮助老师清理垃圾……慢慢地以他的实际行动向老师“要表扬”。其实任何一个孩子都一样，即使淘气，也只是在成长的某个节点慢了几步。我们放慢脚步等等这些掉队的孩子，相信他们小跑两步就能跟上成长的节奏。

三、有一种爱叫作呵护，培养学生顽强不屈的阳光心态

我们班和其他班级不一样，有一个不会走路的女生小A，这给班级管理带来一定的难度。我横下一条心：在课堂上除了当好她的老师，还要当好她学校里的“妈妈”。于是，我每天都抱着她去厕所，以前是上午课间操去一次，下午课间操去一次。自从入班办公以来就更方便了，她只要想去厕所，就可以喊老师，我随叫随到，再也不用担心孩子会尿裤子了。

最近一段时间，她的奶奶告诉我她在家做理疗，吃中药，慢慢地练习走路，但是在学校里不敢走，因为她的身子站不直，要弯着腰扶着腿走，怕其他学生笑话她，于是在学校里一步也不走。有一天早晨，她奶奶把她放在地上让她锻炼着自己走，她蹲在地上就是不动，把她奶奶都气哭了。我提前给她奶奶沟通好，第二天早晨我早早地来到学校里，先给班里的孩子做好思想工作（因为快三年了，同学们都没见过她走路，怕有的孩子起哄），希望同学们以热烈的掌声欢迎她自己走进教室。出乎意料，没有一个学生对她突然会走路有疑问，而是很高兴地说：“老师，我们一定会鼓励她。”等孩子和她奶奶来到以后，我又和这个孩子谈了很久，告诉她老师和同学们对她的

喜爱和期待，她终于同意让我扶着走进教室里。孩子们热烈的掌声响了一次又一次，有的同学甚至激动地站在凳子上鼓掌，看到同学们这么热情，她竟然不好意思地笑了。

万事开头难。有了第一次的鼓励，她慢慢变得开朗了，也不担心同学们会嘲笑她了。有时候，同学们去上体育课，我在教室办公，就会让她在教室里扶着桌子活动活动，她就会在我的帮助下很听话地走走，甚至有时还会走到窗子跟前往下看看。看着她脸上泛起的开心笑容，那一刻，一股暖流在我心中涌动。

“一个班级就像一个花园，这座花园里开着各种各样的花儿，只有用心灌溉，才能开出芬芳美丽的花朵。”自入班办公以来，我尤其感悟到这句话的真正含义。

爱的教育不仅润泽了孩子们的心田，亦润泽了我的心魂。

我将继续秉持着刚刚踏上讲台时“我以我心写教育”的初心，怀抱着爱的理想，以积极的心态去践行教育之道。

让每一朵野百合都能花香四溢

周安慧

寂静山谷里的野百合，仿佛在向人们诉说，生机就是这样的不可遏制，生命就是这样的顽强与珍贵，用有限的生命苦苦追求无限的理想境界和光辉未来。

——题记

班主任“入班办公”计划的实施对我的班级管理工作有了很大的推动。这学期我带着势必让班级进步的决心进入班级，靠近学生，了解学生！

一、自信，让教室充满阳光

新学期新气象，春天的到来让校园的角角落落都充满了阳光的气息，可是班级里似乎缺乏了一丝生气。因此，我发动孩子们带一些绿植来班级，既能美化教室也能净化空气。孩子们似乎没能接收到我的信号，提议以后的两天内都没见到孩子带来的绿植。

直到第三天，我像平时一样早早来到教室，琅琅读书声传来，自觉的孩子已经开始晨读了。预备铃响起，我开始巡视教室是否有没请假未到班级的同学。一张空桌子吸引了我的目光，小右还没来，迟到了？我正想拿起手机联系小右妈妈，这时教室门被猛地推开，一个急匆匆的身影从教室外冲进来。

“报告！”小右手上提着一个红色塑料袋，他皱着眉头神色慌张，头上汗珠滚滚，着急解释道：“老、老师，我去买花了。”

小右紧张地站在教室门口，边说边不好意思地用手挠了挠后脑勺，袋子被握得紧紧的，里面装着花盆、喷壶。

“快进来吧！”我温和地说，就这样我们班的第一盆绿植“迟”到了。

这盆“迟到的绿植”一直放置在教室后面的办公桌上面，开着绚丽的花朵……

小右的行为让我对班级管理多了一份自信，我也由此更加关注他，或许这是小右改变的开始。

在“网课”期间，小右经常有缺课不完成作业的情况，每次都免不了电话提醒。小右每次犯错总是顶着一张笑嘻嘻的脸认错，许多老师见了都不免有些生气，但他思维活跃，有着聪明的头脑，只要肯思考，什么问题都难不倒他。

有一次我们学习《草船借箭》一课，我提出问题：“鲁肃在这个片段中体现出了怎样的性格特点？”

不算难的问题在班内却没有人举手回答，这时我听见小右小声地说着自己的想法，我内心有些小高兴。

他是在思考的，只是没有举手回答问题的勇气。我鼓励他站起来回答，小右不好意思地犹豫了一会儿，脸色慢慢变红，吞吞吐吐地说出自己的答案："他答应诸葛亮不把'造箭'的过程告诉周瑜，就真的没告诉，我觉得他讲信用！"

因为他对自己的答案不自信，或者为了掩饰自己的尴尬，回答问题时"嗯嗯啊啊"的，还止不住地摇晃自己的身体。但是不管答案正确与否，我都会很夸张地表扬他，并鼓励同学们向他学习。

一次又一次，小右也在慢慢改变。

"这孩子就是不喜欢学习。"小右妈妈说过。

也有专家说过："很少有孩子会真正喜欢学习。"

但本学期他进步飞快，自信让他进步，进步让他更自信。

他能由最开始的60分到现在的80分甚至突破90分，各类行为习惯也有了质的飞跃，现在在班内也担任着"桌椅整齐小分队"队长。

所以啊，没有笨孩子，他们只是没有发现自己很聪明而已，他们需要的是自信。

二、鼓励，让学生主动学习

我们班有一位"大块头"——大豪，他体格强壮，力气也大，性格冲动，打起架、发起狠来甚至连我都拦不住，可谓是"打遍全班无敌手"。一年以来，大豪惹的大大小小的麻烦，一双手数不清，并且各科成绩也一直不太理想，是个让老师焦头烂额的孩子。

在一个语文老师看来，他的书写潦草，一定会在测试中特别吃亏。我也曾因此暗下决心，提升班级的书写。

同学们每天都在微信群里分享自己的每日练字和朗读。有一天，我正浏览着群内的“书写打卡”时，收到了小豪的“私信”，他的练字内容虽称不上完美但是看得出来很工整。

我很惊喜。

他极少在班级群内发言，却时不时会单独找我聊天。有时是询问作业，有时是发给我他的练字成果，一点一滴的进步我都看在眼里，并积极鼓励他：“不错不错，还能写得更好。”

有几天班里个别男生穿着球鞋，在教室或走廊的瓷砖地板上用力摩擦，发出很难听的“吱吱”声，其中就有大豪。

我严厉批评了所有顽皮的孩子，让他们写下保证书。

看到大豪保证书的那一刻，我不自觉地问出声：“这是你写的吗？”

大豪瞬间急了：“老师，这就是我写的，你不信问我同桌！”

一边说一边把同桌小何拉了过来，然后指着保证书问同桌小何：“快说这是不是我自己写的！”

小何点点头说是。

我边点头边肯定地说：“好工整啊，有进步有进步！”说着还拍拍他的肩膀。

我任命大豪为“监督员”，监督其他同学是否用鞋子故意摩擦地板，果然有了一定效果。

事实上，我们平时所说的，挖掘“薄弱”学生的闪光点也是基于同样的认识。

高尔基说过："谁不爱孩子，孩子就不爱他，只有爱孩子的人，才能教育孩子。""入班办公"让我们更贴近孩子，更理解孩子，更好地爱孩子。关注每一位孩子，让每一朵野百合都能花香四溢！

精致小空间，成长大舞台

朱秀丽

在实验小学主校区三年级（10）班的教室里，有我的一方小天地，长126厘米，宽102厘米，是我入班办公的小空间。就是这精致的小空间，搭建起了我和孩子们幸福成长的大舞台。

一、“打卷的鸟窝”

本学期开始，我接手这个班。接班前，我从其他老师的口中了解到这个班的孩子挺聪明的，就是太“活泼”！

开学第一周的周三下午，我一踏进教室，学生就一窝蜂涌过来。

“老师老师，你看高小美干的好事！”

“老师老师，高小美把英语课本给弄坏了！”

……

还没等我反应过来，一位同学就把两张图片塞到了我的手里，说是高小美把英语课本上的插图给挖下来，做成了立体画。我是又生气，又想笑。气是因为这孩子不爱护书本，笑是因为这孩子挺有创意。

“谁是高小美？”我问道。

同学们齐刷刷地指向北边第二排靠墙的座位。我放眼望去，座位上没人，桌面上横七竖八地躺着课本、练习本、文具盒、剪刀、胶带、卡纸……桌椅下面横着书包、纸团等。怎一个“乱”字了得。

“老师，高小美准是出去疯了，她喜欢满院子疯跑。”

“对，操场上跑得最快、笑得最欢的那个女孩就是她。”

“或许，她在厕所旁边抓瞌睡虫，也不一定。”

……

“丁零零……”预备铃声响了，我赶紧让学生回到座位上，准备学习用品，然后我也快步走到教室后面的办公桌旁，坐到椅子上，等待任课老师来上课。班长刚喊完起立，此时，从门外跑进一个学生来，连个报告也没打，就匆匆坐到了北边第二排靠墙的座位上。

原来她就是高小美。

任课老师瞪了高小美一眼，长叹一口气，一脸无奈的样子。

同学们相视一笑，然后立即坐正。看来大家对高小美的这种做法早已见怪不怪。

我心想：高小美到底是何方神圣？我倒要看看她的“本领”。

上课时，我坐在教室后面，对她格外关注，没想到她竟然视上课老师和身为班主任的“我”为空气。

她就像浑身长满了跳蚤，一刻不停地鼓捣她的小玩意儿：一会儿折扇子，一会儿扇扇子，一会儿又扎蝴蝶结……居然还送给身边的同学玩，真是无法无天。

任课老师点了她好几次名，她都跟没听见似的。

我坐在教室后面如坐针毡，又气又急。管，怕影响老师上课；不管，真的是无法忍受。

冲动是魔鬼，要冷静，要有智慧，我可是一名老班主任了。

怎么办呢？

对，录下高小美的“精彩瞬间”。

与此同时，我也用手机记录其他孩子的“高光时刻”：坐姿端正的，积极举手回答问题的，读书声音响亮的，认真做听课笔记的……

我心想：下课一定要找高小美好好谈谈。可谁知，下课铃声一响，还没等我反应过来，她人早已冲出教室，消失得无影无踪。

此时，学生又跑到我身边告状。

“老师老师，你快去看看高小美的桌洞吧。”

“她的桌洞可是百宝箱。”

我带着好奇与疑惑，来到她的桌旁，一位同学迅速从她的桌洞里掏出各种小玩意儿：奇形怪状的发卡，五颜六色的糖果，不同口味的小饮料，还有小钱包、小手链……

简直就是一个小杂货铺。

了解到她这种情况，我并没有批评她、训斥她，而是在下午大课间时，特意把她叫到跟前，这是我们的第一次正面交流。因为我坐在教室后面，原来我只能看到她的背影。她给我的最初印象是她那鸟窝似的头发，她的头发是自来卷，又不怎么梳理，比鸟窝还鸟窝。

现在再看她，打卷的头发，大大的眼睛，在鼻子与嘴巴之间徘徊的鼻涕，袈裟似的校服上衣，脏脏的小手。我赶紧从挎兜里掏出纸巾让她擦干净鼻涕，又帮她把校服上衣整理好。

她瞪大眼睛盯着我，一副受宠若惊的样子。

我微笑着说："高小美，你能帮老师个忙吗？"

她满脸疑惑，不解地问："什么忙？"

"你看，咱们走廊墙壁上原来贴了三把小扇子，现在只剩两把了，少了一把，下面露出双面胶的痕迹，实在不美观，你能折把小扇子重新贴上吗？"

她满脸兴奋地说："这太简单了，我有彩色卡纸，有胶带，现在就去折了贴上。"

果真，不一会儿，她就折好了一把小扇子，贴在了走廊墙壁上。

因势利导，我肯定她说："哇！你可真是一个心灵手巧的孩子，有想象力，有创造力，咱班经常要更换墙报，需要一些装饰品，你愿意做一些漂亮的手工来装饰教室吗？"

她很痛快地答应了，拍着胸脯高兴地说："没问题，包在我身上。"

我又说："你看你做高难度的手工都不在话下，按时进教室上课，专心听讲肯定也不成问题，如果把你的聪明才智也用在课堂上，你会更棒的！”

她听后若有所思，红着脸点了点头。

接着，我又给她讲了鲁迅先生爱书如命的故事，引导她要爱护课本。如果想做手工，可以利用课余时间。

我还把拍的其他同学专心听课、认真学习的图片给她看，让她明白什么时间该做什么事。

然后又告诉她，作为一名小学生，要遵守学校规则，零食、玩具不能带进校园，会影响学习，而且垃圾食品吃了对身体有害。

她认真地听着，一个劲儿地点头。

渐渐地，她上课不再折纸，也不搞小动作了，听课也越来越专心，校服穿戴整齐了，人也爱干净、讲卫生了。

二、“墙壁美容师”

看到高小美的转变，我在课上表扬了她，还评选她为“进步之星”。

虽然高小美有了一点进步，可是我发现有的同学还是不接纳她。下课了，有的同学会时不时翻她的桌洞，查找她的“犯罪证据”，一无所获时，就把她的学习用品故意扔到地上。

这让高小美十分难过，她哭着对我说：“老师，同学们不喜欢我，不愿意和我玩。”

为了保护高小美的自尊心，也为了让大家改变对高小美的看法，我召开了一次以“夸夸我身边的同学”为主题的班会，让孩子们仔细观察身边的同学，发现他人的优点。

起初班会课上，同学们只夸奖品学兼优的孩子。听到他们的夸赞，我说："你们可真了不起，有一双善于发现美的眼睛，这些优秀的同学是我们学习的榜样！那你们有没有发现咱班还有一位同学也在悄悄转变，有了进步，谁能来夸夸她？"

此时举起了一双双小手，纷纷抢着说：

"老师，我发现高小美上课不迟到了。"

"老师，我发现高小美上课不折纸了，听课专心了。"

"高小美不带零食、玩具了，她的座位下也没有垃圾了。"

……

听到大家的夸赞，高小美哭了。

她边哭边说："谢谢大家，我错了，我以后一定会好好表现的，再也不调皮了。"

我接着说："人谁无过，过而能改，善莫大焉。尺有所短，寸有所长，取长补短，相得益彰。咱班同学都是有爱心、乐于助人的好孩子，你们愿意给高小美一次机会，做她的好朋友，帮助她进步吗？"

同学们异口同声地说"愿意"。

我又说："咱们在班里设一面'夸夸墙'，谁表现得好，咱们就把她的优点写下来，连同照片一起贴在'夸夸墙'上，怎么样？"

同学们都拍手叫好。

通过这次班会，学生们懂得了欣赏和赞美他人，学会了尊重他人，特别是学会了发现同学的优点，并乐于和有所改变的同学交朋友。同学们转变了以往的交友观念，形成了健康的交往方式，增进了同学之间的友谊。

转眼间开学一个月了，学校要求更换墙报，主题是“学雷锋，树新风”。

借此机会，我对高小美说：“你大显身手的机会来了，本次的墙报由你来负责，敢不敢挑战一下？”

她说：“老师，你放心，我保证完成任务！”

她认真设计版面，精心策划内容。一周过去了，室内墙报焕然一新。我们班在学校班级文化评比中取得了一等奖的好成绩。同学们给高小美封了个“墙壁美容师”的称号，从此，她干得更带劲了，需要更换墙报了，她会主动设计内容，哪里破损了，她会主动修补。

从我班路过的老师，都会情不自禁地说：“三年级（10）班的教室文化真好！”

光阴似箭，日月如梭，“六一”儿童节快到了。班里要举行庆“六一”联欢会。那几天，我正好外出学习，也没来得及安排。等我回来的时候，发现走廊里的艺术墙更换了，教室里也早已挂满了拉花、气球，同学们告诉我都是高小美带领大家布置的，说要给我个惊喜。

下午放学前，高小美跑到我跟前说：“老师，明天就是‘六一’了，你喜欢吃什么，我给你带。”

我说：“谢谢，不用了。”

她说：“老师，你快说，我明天一定给你带。”

我又说：“真不用。”

她还是穷追不舍：“不行，老师你必须说，就一样，可以吗？”

看到她那认真渴望的眼神，我感到特别欣慰。

第二天，高小美拿着她带的零食，跑到我面前："老师，你尝尝，可好吃了，我妈妈说她小时候没吃过。"

说着硬塞到了我的嘴里，一股幸福感油然而生。

从"打卷的鸟窝"到"墙壁美容师"，我得到深深的启示：允许一切发生，接纳孩子的不完美。在一切发生的事中找到有利的因素，将其转化成孩子积极进取的内驱力。

"入班办公"实现了我与学生的有效互动，点亮了向善向美的心，是一场温暖的修行。我将更加珍惜那方精致小空间，用心、用力给孩子们搭建起幸福成长的大舞台。

信守暖阳　静待花开

时晓天

每一个孩子都是一朵花，但是花期却不同。有的花开在春天，有的花开在其他季节。当其他花开放的时候不要着急，也许你的花是开在夏天的睡莲，如果到了秋天还没有开放，也不要着急，说不定你的花是傲雪开放的腊梅。每朵花的绽放都需要一段等待的时间，或长或短。不用着急，用爱去守护，静待它悄然而至的一定是惊喜。

一、有青草味的“绿萝茶”

自入班办公以来，老师有了更多的时间与孩子亲密接触。有次我发现，小绮同学的水杯里，颜色异常的绿。是什么茶叶颜色这么艳呢？绝对不是绿茶，我暗自思量。偷偷地观察了半天，突然冒出一个吓人的想法：我办公桌上绿萝的叶子，近期数量有减少的迹象，难道……想到此，没有等下课，我就悄悄把他约到了教室外。

我小心地问："你有没有不舒服，想不想吐或肚子难受？"

"我中午吃得不多，就吃了三个半馒头！我妈妈让我少吃点，嫌我胖！"他看着我解释。

"你喝的水，好喝吧？"我担心地问。

"好喝，有青草的味，不甜……"

我的脸严肃起来，他感觉到了不对劲，立即辩解着："小鑫说一定好喝，我就尝了尝，老师，我保证以后不揪你的花了！"

我真是哭笑不得，看到他没有什么异样，遂放了心。但是，我还是把这件事告诉了他爸爸，让他爸爸帮忙引导孩子：最好的饮料就是白开水。

我还告诉他："茶叶的制作工序很复杂，也不是什么都能泡着喝的。以后，没有经过家长和老师的允许，绝对不能随便让东西入口，记住了吗？"

他重重地点了头。

"另外，上网查查茶叶的相关知识，周一班会的时候，给同学们讲讲，能办到吗？"

他又重重地点了头。

周一班会，他边说边演地讲述了茶叶的制作流程和种类等相关知识。

同学们对他报以热烈的掌声。

经此一役，竟然有了意外收获，小绮可能感觉自己是名人了，慢慢地背也直了，行为举止也有了很大的变化。有好一阵子最愿意和我交流的都是茶叶。

“小孩子不能喝茶叶，尤其是晚上睡觉前老师也不能喝茶，会睡不着觉!”

“茶分红茶、绿茶、黑茶、白茶……”他掰着手指头说。

那认真的模样俨然一名品茶专家。

我虽然经常忙碌到没时间细听他的述说，但盛情难却，还是装出听得津津有味的样子，甘做他最忠实的听众。因为对未知事物的好奇，因为爱主动查阅资料，因为不厌其烦乐于表达，小绮也逐渐成为爱思考、爱钻研、爱学习的，我们老师都期待的那个样子。

二、有事下课后再研究

我们班有57个孩子，令我印象最深的是小南。他在男生中个子不算高，皮肤黑黑的，脸蛋胖嘟嘟的，眼睛大大的。他学习一般，做事不考虑后果，爱找借口。我的对治方法是：每每他做错事想解释都会被我果断拒绝，然后提醒“有事下课后再研究”。好玩的是，下课后他往往都是忘记了课上的这茬。就在这样的拉锯战中，有了一个惊喜的变化，他从我入班办公后“老实”了很多。

但是，好景不长，在语文课上听写时，隐约听到了“等等我，等等我”的细小声音，我猜想声音应该来自小南。果不其然。但我心想应该“冷处理”。因没被关注，小南声音慢慢变大，教语文的王老师发话了：“你又怎么回事啊？”小南说：“她写得太快了，我赶不上她！”他同桌也没理他。哈哈，这点事，我想笑，但是得忍着。我便说：“先听写，下课再说!”

次日的英语测试中，又一次听到了喃喃低语：“我用用，我用用。”因声音渐大，好多孩子都被他这边吸引了，英语鲍老师发话问：“咋回事啊？”小南说：“我就是想用她的修正带，就用一下！她都不给！我就用一下，我就用一下……”了解情况后，经鲍老师说情给他用了！

作为班主任，这时我觉得该说点啥，就宣布：“从现在开始，谁也不能再用修正带，否则试卷减十分！”没想到小南立马精神地汇报他同桌用过修正带。我瞪着他说：“有事下课后再研究！”小南安静了下来，此事也就告一段落。

对待孩子的无理诉求，有时冷处理也是一种不错的选择，很多时候，对有的孩子来说，看似天大的事，几秒钟后就变成了可有可无的事。“有事下课后再研究！”也算是因材施教吧。

在入班办公后，我通过近距离观察孩子们课上课下的一言一行，感受到了很多孩子的内心其实是很友好的。教师不经意的一句话，可能会创造一个奇迹；教师不经意的一个眼神，也许会扼杀一个人才。教师习以为常的行为，对学生终身的发展也许会产生不可估量的影响。做一名教师就应经常回顾以往的教育历程，反思一下：我造就了多少个遗憾，刺伤了多少颗童心，遗忘了多少个不该遗忘的角落？我们不仅要保证学生的学习质量，更重要的是要让阳光洒遍每个被遗忘的角落。现在已经习惯了在孩子堆里办公，享受孩子的快乐和有序，欣赏孩子的聪明和伶俐，体验孩子们的摩擦和碰撞，喜欢做孩子的引路人，营造更适合孩子成长的环境，尽心尽力地为孩子的美好未来保驾护航，让我们静待花开。

做好学生的引路人

翟爱华

入班办公，常和孩子们在一起，一颗颗童心会使我心情发生变化，使我的心态更年轻；深入课堂，能够使我及时发现问题，掌握学习的第一手资料，便于指导学生。

一、早恋的男孩

我们班有一个比较内向的男孩子，由于性格的原因，他的朋友很少，平时喜欢独来独往。我们班周三的体育课，其他孩子特别兴奋，迫不及待地出去站队了，只有他，坐在位子上不动。我猜想他应该有事找我，所以也没有催他。过了一会儿，教室里只剩下我和他了，我能感觉到他内心的矛盾。他慢慢地向我走来，深吸一口气对我说：“老师，我给你说件事，你不要生气。”

我微笑着对他说：“我不生气，你说吧。”

他鼓足勇气对我说：“老师，小豪说小宁喜欢我，我不知道接受还是拒绝。”

我一听，有点想笑，又感觉这件事很严肃。他是在成长过程中遇到了困惑，他希望我引导和帮助他。我知道这件事处理好了会让他轻松地度过早恋期，处理不好后果会很严重。

我耐心地对他说：“谢谢你的信任，告诉我这件事。其实喜欢别人和被别人喜欢都是很正常的事。被人喜欢，说明你在她的眼里很优秀。但你要知道，你这个年纪什么才是最重要的事，什么事是不能做的。你可以让自己变得更优秀，等到那时，老师相信你会有自己的判断的。你可以告诉她，你们可以互帮互助，共同进步，建立良好的同学关系。孩子，知道怎么做了吗？”

他很自信地说：“老师，我知道了。”然后开心地去上体育课了。

接下来的几天，我一直默默地观察他俩，发现他们都更爱学习、更爱回答问题了。我知道，他们已经正确认识对待这件事了。

二、迟到的女孩

我自当班主任后，有个每天早晨很早到校的习惯，一般是督促孩子打扫卫生，及时了解孩子的到校情况，清点班级人数，让学生尽早进入阅读或学习状态。

一天，我发现从不旷课的文静迟迟没来，于是我连忙和她的家长联系。听到我打电话的原因，他爸爸表示也很无奈，告诉我，孩子的妈妈舍下她姊妹四人去外地挣钱了，长时间不回家。老大在外地上大学，老二上高一，文静和她妹妹在我们学校上学。而他在天津上班，家里没有大人督促，孩子可能是起晚了，现在应该在路上了。

我了解了情况，便站在教室门口等着她。几分钟后，她来了，看到我，小小的身躯略显颤抖，我小声地说："起晚了对吧？"

她眼含泪水点点头。我明白她此时的心情，充满了难过与害怕。我抚摸着她的头，问道："你吃饭了吗？"她摇摇头说不饿。

于是，我把她带到办公室，拿出给儿子准备的食物给她。起初她犹豫着不敢接，睁着水汪汪的大眼睛看着我，我笑着塞到她手里，她才慢慢地吃起来，不一会儿却边吃边掉眼泪。

我内心为她感到难过，毕竟她还是个孩子，最需要父母陪伴的年龄，父母却选择出去挣钱，这样做对她们真的是爱吗？

等她吃完，我安慰她说："孩子，虽然你爸妈不在身边，但是他们一直在陪你成长，他们也是为了家庭，为了让你们生活得更好。希望你多理解你的爸妈。你们在家要好好照顾自己，每天记得关好门窗，注意水电安全，按时吃饭，注意卫生，认真复习功课，睡觉前可以定好闹钟，这样就不会起晚了。有什么需要就给老师说，我会尽可能地帮助你。咱们班的同学也非常喜欢你，也都愿意帮助你，你有困难也可以找他们的。"

她听我这么说，看起来高兴了许多。

其实人在困境中最需要朋友的关心和帮助。当有的同学处于困境中时，我们应该伸出友爱之手，热情主动地给予帮助，对方会对我们产生一种感激之情，并从我们的行为中深深受到感染和教育，他也会像我们一样去关爱别人。

当天下午，我找来班干部，跟他们说了此事，他们也非常有爱心，愿意帮助她，下课都主动找她玩，调动她的学习积极性，给她讲开心的事，驱赶她内心的孤独。

三、反思的自己

刚进入班级办公时，还是很不适应的，不能安心备课，下课学生说话的声音很大，天天感觉脑子里乱哄哄的。起初，学生对于我入班办公还有点害怕，处事小心，生怕被我逮住。可时间一长，学生天真好动的性格就表现出来了，稍不留神，他们就会犯错。

为了改变这种互不适应的局面，我就和孩子们重新修订了班级公约，班级事务按公约执行，一周一评，发现问题，解决问题，并引导孩子成为班级的小主人，形成一种互相监督、互相帮助、你追我赶的班级氛围。充分发挥学生的主体作用，调动学生学习的积极性。我们班的成绩、卫生等各方面又上了一个新台阶。

听课时，针对每个学生的课堂表现，制定符合他们学习情况的相应措施。与此同时，可以使班级的学习氛围更浓厚，使学生感受到老师对他们的关心与重视，激发学生学习的动力。

一个合格的教师不仅要关心学生的学习，解答学生提出的疑难问题，帮助学生掌握科学文化知识，更要注意学生的思想动态和情绪变化。青少年正处在生长发育的关键时期，他们的心理还不成熟，极易产生波动，容易沾染一些不良的社会习气，教师是他们人生的指路人，要做好正确的引导。

相信本次的入班活动能让我与学生的心更贴近，班主任工作能够做得越来越好。

第二章 班风改变

积极向上的正确导向

孟母三迁，择邻而居。环境对一个人的影响至关重要。“入班办公”助力教学及学习环境优化，让师者安心培植梦想，让学子踏实奔赴希望！

润物无声　静待花开

邢超

开学这天，我早早来到我的“办公室”，在后面仔细观察每一个孩子进入教室的反应：有的一脸诧异，有的是许久未见的腼腆，还有的是见到老师的兴奋……要是架上一台摄像机拍下来，估计可以将孩子们的表情做成“表情包”。

开学第一课，我主动向孩子们解释了我在教室办公的原因。我看到孩子们一脸不情愿，心想，我要的就是这个效果。一天、两天……慢慢地，孩子们从刚开始的不自在，渐渐适应了这种师生同在的状态，开始在教室里放飞自我，任课教师也渐渐接受，就这样，我算成功入驻了。

一、小林的“美差”

我们班的最牛“钉子户”林同学，一位个头高大、胖乎乎、脑袋大大的男生。这林同学上课从来不听讲，专心破坏桌椅板凳；站路队时老是说话；上课时要么睡觉、要么想到什么就突然站起来，开始说话；下课后精神抖擞，一会儿把洗手的水挥到同学脸上，一会儿在厕所大声嚎叫，一会儿撞到其他同学……

烈日骄阳下的一个午后，耳边又响起邻班同学的告状声：“邢老师，你们班林同学把我们班的学生浇成了落汤鸡……”

此时，我怒火中烧，想了若干种处理林同学的办法，但为了秉公处理，我努力平复自己的情绪，心里不断提醒自己要冷静。为了防止他们串供，我分开审理，先找被泼的同学了解情况，林同学确实为他在炎热的夏天带来“一丝清凉”。了解大体情况后，我又把林同学叫到办公桌前询问，了解事情的原委。原来这件事情双方都有责任。本着大事化小、小事化了的原则，让双方互相道歉，并给两个孩子做了一下思想工作。两位“英雄”一笑泯恩仇，和好如初，表示以后还是好朋友。

事后我又单独找林同学聊，了解到孩子家庭的一些实际情况。父母年龄偏大，过于溺爱，原生家庭对孩子影响太严重，但孩子品质并没有问题。光让他天天没事干不是个办法，但让他学习比攀爬珠峰还难，安排一份什么“工作”才能让他在教室里找到归属感呢？

一天上课，我们的目光又一次碰撞，突然我想到了一个适合林同学的岗位。他靠着放杯子的桌子比较近，于是我给他安排了一份“美差”——整理水杯。

刚开始我并不抱任何希望，因为他的桌洞每天都是乱糟糟的，但慢慢发现他每天把水杯收拾得整整齐齐，甚至还可以把同学们的水杯按一定的规律摆放，桌子上的水渍也擦得干干净净，而且自己还开发了新业务，时不时把我的办公桌也收拾得板板正正的。同学们对待林同学的态度也慢慢地转变，都对林同学竖起大拇指。

我时不时找林同学聊天交心，还让他做小监督员。慢慢地，他能在教室坐住了，不在其他老师的课堂中扰乱课堂秩序了。任课教师纷纷表示我们班的课比以前好上多了，课堂效率也提高了。我姑且将这归于进班办公的功劳吧。

二、家长会

三月份，我们班召开家长会，我在孩子们的桌面上准备了他们的数学作业和同步练习册，让家长可以快速地找到自己孩子的位置，最主要的还是想让家长看一下自己孩子作业完成的质量及学习的态度。家长会时，我让家长看一下自己孩子的桌洞，然后让家长想一下孩子在家里的卧室或书桌是什么状态，很多家长都不好意思地笑了，纷纷表示桌洞比家里的卧室、书桌整洁多了。其实，这是由于入班后我可以时不时提醒孩子收拾，习惯也就慢慢地养成，从而让他们有一个良好的生活学习状态，家长对这一行为纷纷点头表示赞同。

以前和家长交流时，由于对孩子的其他课程学习情况不了解，我只能向家长介绍我所教的数学这一科。自从入班后，再和家长交流就可以把语文、英语，甚至美术等课程的情况一一向家长说明，家长可以更全面地了解孩子在学校的状态。

心理学家阿尔弗雷德·阿德勒曾说：“幸运的人，一生都在被童年治愈。不幸的人，一生都在治愈童年。”我希望自己能成为照亮孩子们童年的灯塔，指引孩子们走上正确、适合自己的道路。

入班办公不是“看守学生”，而是近距离走进每位学生的心灵，滋润他们的心田，帮助每个学生成长、成人、成才，静待花开。

师生零距离

侯军

学校推行“入班办公”班级管理模式。班主任将办公地点搬进了教室，老师和学生开始了“零距离”相处。

一、不适期

起初，无论是老师还是学生，都是不适应的。每当要备课、批改作业时都不能专心致志。要么被风趣幽默的科学老师一语拽到科学实验中；要么被妙语连珠的英语老师带到英语课堂，连我都想默写几个单词和学生比一下，虽然我肯定是孩子们的手下败将；要么就陶醉在音乐课上美妙的歌曲中。说实话，课堂的每个精彩瞬间，我都替孩子感到幸福！

我天天在教室后面办公，无论上课还是下课，学生的一举一动全都在我的监控之下。我发现，几个调皮的孩子，上课时经常回过头来偷看我，一定是怕自己稍有行为出格，就会招来批评吧。课间本应是休息放松的时间，三年级孩子活泼好动，嬉戏打闹再正常不过了，但有我在教室，他们下课也不能完全放松，总是躲躲闪闪，不能“随意”说话，更不能与同学嬉闹、玩耍……

看到这样的现象，我不得不思考：老师入班办公让学生处于一种极度紧张的心理状态，自我管理能力会被弱化，学生变得唯唯诺诺，缺乏个性和创造力，甚至影响学生的个人发展。所以，我们班主任一定要给学生留有“自由喘息”的空间。如果把学生的心理、情绪比作一个气球，这个气球是有张有弛的。“张弛有度”“此起彼伏”，人的心理才会健康。如果一直处于紧张状态，时间长了，气球就难免会爆炸；反之，如果一直处于松弛状态，事事“不紧张”，让人没有了规则意识，也不利于其健康成长。

看清了“入班办公”给学生带来的不适感后，我马上在全班开了一次专题班会，表达了自己“入班办公”的真实心声：一是尽快了解每个孩子；二是因为教室和办公室隔得远，找学生谈心或上传下达事情很不方便；三是在“入班办公”的过程中，我享受和他们在一起的时光，并没有想监督他们的用意。这样一来，学生们慢慢放下心里的抵触，放松下来。在接下来的日子里，除了学校规定的班主任坐班时间外，我逐渐从班级里抽身出去，还给学生一个“自由喘息”“无人监视”的弹性空间。课间，看着学生们灿烂的笑脸、个性的绽放，我庆幸我的及时反思和补救整改。

二、磨合期

经过了不适期，“入班办公”的班级管理效果日益明显，上课时几乎没有学生敢小声说话或搞小动作，这既保证了课堂纪律的安静有序，还大大提高了课堂的听课效果。课间我们班学生很少有在教室里追跑打闹等违纪现象，这极大减少了意外事故发生的概率，保证了学生的人身安全。任课老师们对我们班的课堂纪律和听讲效果非常满意，连连夸赞，并一直认为是“入班办公”的功劳。

有一天，我外出培训刚返校，心情有点小激动。我没有事先通知学生们今天回校，想给学生们一个惊喜。一路上想了很多与学生见面的情景，例如，上课铃响了，我轻轻地推开教室门，孩子们惊喜地看着我，然后欢呼……又例如，孩子们看到了我，立刻高兴地送上鲜花……

想着想着，不知不觉就来到教学楼前，耳边响起“侯老师！侯老师——”的声音。我寻着声音抬头望去，四楼教室窗口上挤满了一个个的小脑袋，一只只小手用力地挥舞着。那是我的学生们，他们看见了我。正当我想向他们挥手的时候，只看见从楼梯上冲下来十几个学生。小班长以百米冲刺的架势一下子把我紧紧抱住，胖乎乎的小脸涨得红红的，嘴里不停地喊叫着：“侯老师来了！侯老师来了！”紧接着其他的孩子也一个接一个冲了下来，然后一个接一个向我拥来，一个接一个伸展着手臂，兴奋地叫着：“侯老师！侯老师……”顿时，我被孩子们挤来挤去，站也站不稳，我不停地提醒孩子们：“大家小心点，不要挤！”

突然，我在人群的缝隙中，发现了我们班的“特殊生”萌萌。这个孩子口齿不清，不愿意与别人交流，任何人也别想让她说出一个字。

回想起从前，每当我们的眼神不期而遇，每当我走到她的面前，她总是立即把头埋到双臂里。

可自从入班办公以来，我就成了她的邻桌，下课后，她总是站在我的旁边，静静地看着我。有时，还会把她画的画悄悄地放在我的桌子上。很显然，我由邻桌慢慢走进了她的内心。

此刻，虽然她只是远远地抱着大厅门口的石柱，怯生生地望着我们，但是我知道她也是跟着其他孩子跑下来迎接我的。我使劲朝她笑了笑，没想到她嘴一咧就哭了起来。

我被这举动吓住了，连忙从拥挤的队伍里挣脱出来。孩子们也跟在我身后来到她面前，我亲切地问："怎么了？"

还没等我把话说完，小班长凑到我耳边说："老师，我知道，她也想老师了，她天天画老师呢！"

说着，一叠画纸捧到我面前。第一张，一个严肃的我正在讲课；第二张，一个短发的笑意盈盈的我正在看书；第三张，一个穿着花裙子的我正和孩子们手拉手做游戏……

我的眼泪不知不觉流了下来。

我轻轻地将这个内心世界如此丰富的孩子拥入怀中，孩子们一个接一个又拥了上来，此刻不需要言语，我是幸福的。

三、升华期

"入班办公"实现了师生零距离，更欣慰的是将"爱"的情感链接到课堂中。

这是一节特殊的英语课，进入老师领读单词"Sorry"的教学环节，并且以“开火车”的形式让学生们练习读，前面的学生们做到了发音准确、声音洪亮。当“火车”迅速开到了豪同学这里时，其他同学齐刷刷地将目光投向了坐在后面的豪同学。我坐在教室后面静静地观察着这一切，心里很清楚，他平时因为说话口齿不清，很少在课堂上举手回答问题，能把英语单词读得规范还真有点难度，其他同学一定也意识到了这一点。

他先是低垂着头，似乎也感觉到了全班同学的目光，犹豫了一下慢悠悠地站了起来，“Sorry”，声音小到连自己都听不清楚。

英语老师走到他的面前，向他竖起了大拇指：“非常好！声音洪亮一些就更好了！”

“Sorry”，声音明显提高了几个分贝，我听得很清楚，居然发音准确。真是出乎意料，我禁不住为他鼓起了掌。紧接着，教室里骤然间响起了掌声，那掌声热烈而持久。我分明看到了他的脸红红的，眼圈也红红的。这掌声是鼓励、是赞许……他的脸上终于露出了自信的微笑。

就在这时，书豪举起了手，他可是个淘气包，不知他又要搞什么怪？

“老师，我想对豪同学说：‘对不起！我不再笑话你口齿不清，你总是第一个到校，我要向你学习！’”

没想到豪同学这么一说，引起了连锁反应：

“老师，我想对××说：‘对不起！我不该喊你大胖子！你的作文写得真好！’”

“老师，我想对××说：‘对不起！’”

……

此情此景，唯有用掌声表达我的心情。一次课堂中的“节外生枝”，让学生在“爱”的世界里，经历了情感的洗礼，起到了意想不到的效果。

真正的教育是自我教育。陶行知先生也曾说过：“最好的教育，是教育学生自己做好自己的先生。”最好的教育是让学生学会自我管理，自我教育！想必“入班办公”，实现师生零距离，多个角度去观察学生、了解学生，也应该是我们教育的最根本的目的吧！

走近学生身边，浸润学生心灵

任燕

魏书生说："走入学生的心灵世界中去，就会发现那是一个广阔而又迷人的新天地，许多百思不得其解的教育难题都会在那里找到答案。对学生细致入微的了解，使教师的工作如同有了源头活水，常做常新。"我想，"入班办公"正验证了这句话。

我的办公室和教室相距比较远，这个距离五分钟都走不完，所以课间我总是走在办公室与教室之间的路上，一般不在教室里待。现在入班办公了，我把电脑搬到了教室，这样只要教科室没事，我就不用再来回跑，课间十分钟我就待在教室里，观察孩子们的一举一动。

刚开始这样做的时候，学生们都显得非常拘束，他们下课时的说话声音都降低了许多，几乎没有人敢到我办公桌前和我聊天。面对这样的情景，我不禁在心中反问：这真的是我想要的结果吗？难道我把办公桌搬到教室，就只是为了看着学生们老老实实地待在教室里吗？答案显然是否定的。为了打破这种沉闷的氛围，我开始主动与他们展开交谈。渐渐地，他们不再害怕我，一下课，便会围过来叽叽喳喳地和我说个不停。

课间，只见班级里最调皮的男孩小黄悄悄地来到我办公桌前，我想：这个调皮蛋又想干吗呢？正在我胡思乱想的时候，他说："老师，你今天中午还坐公交车吗？"

看着他微笑的脸庞，我先是一愣，然后微笑着问他："我为什么要坐公交车呢？"

他羞答答地说："你忘了，那天下雨，你和我一起坐公交车回家。"

我突然想起来那天下雨，我没有带雨具，坐公交车回的家，正好和小黄同学坐了一班车。

我问他："你还想和老师一起坐公交车啊？"

他点点头："嗯。"

"那好，等再下雨，我们再一起坐公交车。"

听了我的话，他高兴极了，一蹦一跳地回到了自己的座位上。

看到他开心的样子，我心中也不禁泛起一丝暖意，第一次觉得他原来也是那么可爱。

从那以后，每到课间，我就和孩子们聊作业，聊每个任课老师，聊他们喜欢做的事，聊他们家里有趣的事情。我的教室不再像以前那样乱成一团，教室的气氛变得更加温馨和谐，每个角落都留下了他们的笑声和快乐。孩子们的自觉性也有了很大提高。

在接下来的日子里，我开始了"入班办公"的新阶段。

我安排了一些课间活动，比如小组讨论、角色扮演、互动游戏等，让学生们在放松和快乐中进行学习。这些活动带给孩子们无限的乐趣，也让我有了更多了解他们的机会。

入班办公，让我真正成为了孩子们的朋友，让我能够深入到他们的内心世界，了解他们的需求，满足他们的期待。我知道，我不能改变他们，但我可以引导他们，帮助他们成长，发现自我，实现自己的价值。

放学的铃声悠然响起，孩子们兴高采烈地迎来了短暂的午休时间。所有的孩子都被他们的父母接走了，只有淅淅沥沥的雨声在校园内回荡。我没有回家，在学校门口的小吃摊前简单地填饱了肚子，时间还早，不到十二点半。于是我独自返回空荡荡的办公室坐了一会儿，然而，我的电脑在教室里，这就意味着自己无法办公，于是我又回到了空无一人的教室。在雨声的伴奏下，我坐在电脑旁敲打着键盘，仿佛在创作一首美妙的交响乐。然而，就在我沉浸在这份宁静与自在的乐趣中时，门“吱嘎”一声被推开，小康同学悄然走了进来。

我扬起头，看了一眼挂在教室墙上的钟表，刚好一点十分。我有些讶异地问他：“你怎么来这么早？”

他有些怯生生地回答：“我家在裕隆家园，离学校比较远。因为今天下雨，所以我中午没回家，我和妈妈在外面吃完饭，就来学校了。”

我问：“平时每天都是你妈妈把你接回家吃饭再送来学校吗？”

他点点头。我看着他，心中满是感慨：“看，为了你上学，妈妈多么不容易啊。即使在这样的雨天，她也会按时来接送你，你一定要好好学习哦！”

他使劲点点头，然后默默地走到自己的座位上开始看课外书。

过了一会儿，第二个、第三个同学陆续来到，他们走进教室刚想说话，看到我坐在教室里，又看到卜康同学在看书，他们也悄悄地坐在自己的座位上看课外书。孩子们陆续到校，他们都像这几个孩子一样安静地走到自己的座位上，默默地看书。我看着这一幕，心中思索：如果我每天都陪伴在孩子们身边，引导他们进教室后就开始读书，久而久之，他们就能养成良好的习惯，这种习惯无疑会使他们受益终生。

这天，是孩子们期待已久的音乐课，音乐老师陈老师是一位严肃却又充满爱心的老师。她每一节课都满怀热情，向同学们教授着音乐的美好。在我入班办公之前，尽管她每一节音乐课都精心准备，但每节课结束，仍然会有十多个孩子被记入不认真听课的名单中，这个现象让我感到有些疑惑，也有些无奈。

然而，这节音乐课的情况有了明显的改变。由于我这个班主任的参与，我注意到孩子们变得更加专注，更加有纪律。那些曾经常常在课堂上捣乱的孩子也安静下来，聚精会神地听陈老师讲解音乐的知识。但我发现，虽然整体上课堂秩序得到了明显改善，但在课程的后半段，仍然有个别同学在小声说话，虽然我看不出是谁在说，但我能感受到，这种情况对教室内的学习氛围有所影响。

我并没有直接插手干预，而是起身，慢慢地走向那个可能出现问题的区域。我希望通过自己的行动，给孩子们一个明确的信号——我在关注。而我的这一行动，也使教室立刻安静下来。

音乐课结束后，紧接着就是我的课。我先让学生说说音乐课中自己的表现怎么样，自己是否满意。有的孩子一语点破，说课堂不够安静，有个别同学在小声说话。

我一听，孩子们的自我判断能力很强，然后我问孩子们："你们发现音乐老师在下半节课和上半节课的声音有什么不一样吗？"

问题一出，有的同学一脸茫然地摇摇头，有的同学转身和同桌讨论。

一个平时很有心的女孩说："老师，我觉得音乐老师下半节课嗓子有点哑。"

我立即鼓励到："你真是个有心的孩子！是啊，音乐老师上半节课声音还很响亮，到了下半节课嗓子就有点沙哑了，你们知道为什么吗？"

所有的同学都摇了摇头。我继续问："还记得前段时间音乐老师请了两周的假吗？那是因为她甲状腺有结节，做了手术，为了不耽误更多的课，才两周时间她就回来给大家上课了。所以她现在不能大声说话，不能多说话，更不能生气，大家知道音乐课该怎么做了吗？"

所有的同学都坚定地点点头。在下一次音乐课前，我又对全班同学进行了提醒。这节课上得真好，所有的孩子都在认真地听课，努力地唱歌，没有了小声说话的现象。通过这件事，让学生知道老师的辛苦，也让他们懂得了我们在接受别人的爱的同时，更要学会爱别人。

把办公桌搬到教室这个简单的改变，让我深深感受到教育的力量和魅力。我相信，只要有爱、有责任、有执着，我们就能在教育的道路上走得更远。真正的教育从来不是点石成金的技巧，而是一段春风化雨的过程。

入班办公，让我们走近学生身边，浸润学生心灵！

入班倾心陪伴，护苗健康成长

张玲

播撒爱的阳光雨露，用心地灌溉培护，让学生像禾苗一样茁壮成长！

——题记

自从班主任“入班办公”后，我有了更多的机会去观察学生、了解学生、教导学生。在入班办公的过程中，我发现，自从班主任坐到了教室后面，我们班那些上课好动的、爱说话的、爱搞小动作的、想睡觉的同学，各方面有了可喜的表现。

张同学

先来说说这个张同学，她平日里上课好动、好说话、成绩差，还经常带零食。平时也教育过她几次，效果并不是很明显。在我入班办公这段时间，我发现她经常偷偷地瞟我一眼，当与我的目光对视后，她马上坐姿端正了，上课回答问题也积极了，读书声音也响亮了。原来这个孩子很在意自己在老师心目中的印象啊！

课下我就把她叫到身边，微笑着说：“你最近学习很积极，学习习惯也挺不错的，老师很高兴！”

“真的吗？”她显然有些意外。

我看到她很激动，继续说道：“你最近怎么会有这么大的进步呢？你能和老师聊聊吗？”

“老师您在教室后面，我得好好表现呀！我怕您批评我。”她不好意思地回答道。

哎！原来她是怕我这个班主任呢！可是如果一个孩子的成长仅仅靠外在动力的话，是无法持久的，我得继续和她聊聊，让她真正地、发自内心地希望自己积极向上才行啊。

“你以前经常爱聊天的。能说说以前你在和同桌聊什么吗？”

“有时说谁穿的衣服漂亮，有时炫耀自己带来了好吃的零食，有时说谁和谁打架了，有时……”

“你现在和老师聊天都会用排比句了啊！”我尽可能地找寻肯定或夸赞她的地方，她腼腆地笑了笑。

“不过，怎么好像都和学习没什么关系啊！”

她低下了头，我看到了她的尴尬，便说道：“这样吧！老师希望你以后每一天都能严格要求自己，就像今天的表现一样，能做到吗？”

“我……我……”她显然没有信心。

我想，我得给她助助力，继续说道：“好的习惯一定要坚持下去，但是老师和父母不能时时刻刻跟着你啊，当你想说话却管住自己没有说的时候，你就在心里给自己鼓掌、在‘积分表’上给自己加分。”我边说边递给她一个积分本。“加够十分找我领一个奖卡，好吗？”

她略加思索，努力地点了点头。

就这样，经过了一段时间，我发现她上课注意力集中了很多。她之后也会经常来和我聊聊：

“老师，我今天上数学课，老师表扬我了。”

“老师，我今天上午上课都在认真听讲，上课的内容都学会了。”

“老师，今天上课同桌想和我说悄悄话，我没有理他。”

“老师，我加够十分了，我要换一张奖卡。”

……

从此，她习惯了来我办公桌边这样聊聊，还主动帮老师收拾桌面、整理各类作业、弯腰捡地上的垃圾、主动扶起学校宣传牌等，到后来竟主动要求当体育委员，管理我们班的路队。每当看到她那认真负责的样子，我心中感觉甚是欣慰，同时也会朝她竖起大拇指，她像获了奖一样开心得合不拢嘴。

王同学

再来说说我们班的班长王同学，他爱学习、成绩好，是同学们心中的榜样，只是有时上课会和同桌说悄悄话，我发现后批评过他，人无完人嘛，我最初没太当回事。入班之后，我发现，他在其他课上也是经常趁老师回头看黑板时，和同桌小声嘀咕。看来我们班之所以纪律差，不仅和班里的几个调皮鬼有关，还和班干部没有严格要求自己、课上带头说话有很大关系。这股不正之风，我得从班干部这里着手，想办法扭转。

课间，我把班长叫过来，故意问他：“作为班长，你觉得咱们班各方面情况怎么样？”

“我觉得咱们班不是很好。”他有点不好意思地回答。

“问题在什么地方呢？”我继续追问。

“咱们班上课纪律不好，安静不下来，乱糟糟的，我让他们别说话了，也不管用。”他有些气愤地说着。

“那咱们班上课经常乱说话的有哪些人？”

“张同学上课边学习，边和后面的同学说话；胡同学上课经常和同桌打闹；刘同学喜欢搞恶作剧，引得周围同学呲呲笑。”

“还有呢？”我就一直追问。

他终于在我越来越严厉的语气中承认：“我，我有时也会说两句……”他说着低下了头。

我真想严厉地批评他这种对班级产生负面影响的行为，但是我很快让自己冷静了下来，还是和他一起探讨一下管理班级的措施更为重要！我语重心长地告诫他：“一班之长起到的是带头和表率的作用，不仅仅是成绩好、分数拿第一，就可以担任班长的。班长要能吃亏，有担当，协助老师管理好班级的各项工作。作为班长，你是班级积极向上的主心骨。火车跑得快，全靠车头带。你就是咱们班的带头人呢。”

“老师，我知道了。”他缓缓地抬起头，“我会严格要求自己的”。

"关键是带好头，带动其他同学，把整个班级管理好啊！"我继续鼓励他。他使劲点了点头。

经过这次谈话，班长的表现有了很大进步，比以前负责了很多，我不断跟进，经常询问他班级的情况。有的情况我即使是了解的，也想从他的口中听到，我想看看，作为班长的他是否足够关心班级的事务。这样过了一段时间，不论是课上还是课下，他都能严格地要求自己，并且会去提醒个别同学，制止一些违纪行为。看到这样的局面，我甚是欣慰。

所有同学

几个学生的改变固然让我有了些许安慰，可是班风改变并不是那么容易啊！除了在自己的课堂上严格要求外，还得从其他各个方面找问题、析原因、想办法。

周二英语早读时，我在门口偷偷观察，学生完全不在状态：教室里几十人，只有两三个拿出了早读课本，但也只是放在桌面上摆个样子。其他同学三三两两，聚在一起有说有笑，有的睡眼惺忪地发着呆，还有几个在值日，懒懒散散、磨磨蹭蹭。

几个眼明手快的学生，看到我走进教室，一头扎进课桌里，连忙翻出书包找书。

我一言不发地看着他们，这时有几个反应过来，连忙带头读书，还有几个依然在说笑，全然不把我放在眼里。

一个好习惯的养成可能需要21天，甚至更长时间。但一个好习惯的失去可能只需要一周。

我让学生停下来，提醒他们早读的要求。过了一会儿，教室里才有了像样的读书声。

周三我继续早起，到校以后看到的情形和周二早晨差不多。必须要采取一定的措施，扭转学生懒散的状态。我当即召开了一个晨会，把周二想了一天的对策说了出来，和班长商量了一下，决定从三个方面整顿班上懒散的风气：从穿校服戴红领巾开始，抓早读和午练，落实班级的执行力；从上课纪律、做作业的态度和质量入手，抓学生的学习习惯；从路队放学、上操站队，抓学生的班级形象。

落实这些措施的第二天，4名学生因为语文作业书写质量差，错题多，被要求重写。第二天，第三天……接下来的一周时间里，同学们的作业书写有了明显提高。早晨早读、中午练写在班长和课代表的提醒和带领下也逐渐规范起来，上课状态明显好转。

行为习惯逐步养成后，学生的学习成绩也慢慢进步，自信心和自主学习意识也逐渐变强，自然班风良好，学风浓厚。同学们最近几次测试成绩进步明显，一些后进生，特别是平时注意力差的学生，进步很是可喜。

班主任的工作，不仅是播种知识和爱，同时也收获感动与幸福。我将用自己的实际行动尽心呵护、精心培育他们，让他们健康成长。

遇见是一份责任

常开清

“前世500次回眸，换来今生的擦肩而过。”得有多少次的回眸，才能成就我和我班学生的这师生缘分啊！能来到同一个班级，就是珍贵的遇见。作为老师，遇见便要担起责任，这份责任是关于爱心、关于智慧。

一、先把话题扯远一点儿

2015年，我担任新一年级的班主任。班里有一个学生叫宋阳，他在教室坐不住，不管什么时候，只要他想出去，谁也拦不住。我曾多次跟他家长沟通，家长也说孩子情况是有些特殊。当时我和数学老师一个上课，一个得满校园找宋阳。我们学校又有水池，又有假山，万一孩子淹着、摔着，那可不得了。有一天下雨，我刚走到教室，就看见宋阳没在座位上，我马上从教学楼走廊往下看，没有，我正要去找，却有一个老师传话让我去校长室，我慌忙去了。只见校长正帮一个学生擦身上的泥水，我一看，正是宋阳同学！原来，他在校长室门口的小水洼里躺着打滚玩呢。校长心疼地说："以后多注意点儿，特殊情况更要多用心，每个孩子都是家长手心里的宝……"

校长的话和做法让我感动又自责！我赶紧给他妈妈打电话，带他回家换衣服。再一次上课，他又没进教室，我就到处找，发现他爬到学校水木园水池边的那个围栏上了。我吓坏了，招手让他下来，他摇头，我也不敢靠近，怕他掉进水池。我知道他特别喜欢领奖状，于是我急中生智，拿了一张奖状对着他挥舞，说："发奖状了，这是你的。"看到奖状，他从围栏上下来，往教学楼跑来，我这才如释重负。想想都后怕。从那以后，我只好开启了"入班办公"的模式。

一个课间操后，他借着上厕所的时间，带着零钱，想从大门口走出去买东西，被保安拦住，他又偷偷绕到幼儿园出口旁边，企图从栏杆处钻出去。可是被栏杆卡住了头，他进不来也出不去，被巡视的保安看见，大家费了好大工夫才把他从栏杆里弄出来。

我告诉他妈妈这情况，他妈妈要求来陪读，综合各方面考虑，这样还是比较妥当。于是，我就"解放"出来，不用"入班办公"了，但是有家长在教室里，我班就又成了天天上公开课的模式，老师们上课也特别下功夫。

这次我没有太多反思"入班办公"的好处，却体会到天天上公开课的益处，期末我班成绩特别好不说，孩子的课堂秩序也得到了很大改善。

二、我用信任去“收买”他们

七八年后的今天，由于特殊原因，学生居家学习时间太长，学校常规被严重忽略，学生纪律性差，也很难守规矩。在这样的大背景下，学校提出来“入班办公”的举措，很合时宜。

开学以来，学校对学生一日常规的要求一直在进行，可他们涣散太久了，特别难管理。不想天天当“法官”断“案子”，我们就只好深入“案发现场”，你会发现“案子”少了很多，耳根也清净了不少。所以我们“入班办公”，跟进学生是很有必要的。

课间有的同学从教室外面呼啸着跑进教室，还有的与同学打闹，乱糟糟的，其他同学提醒：“老师，老师，有老师……”他们的声调立刻降低了八度。

最调皮的徐奇同学，见老师也不抬头，一副见怪不怪的态度。他一看，没受到教训，就过来试探着跟我聊天，观察我的态度，我依然心平气和。

他问我：“老师，交作业吧？”

赶着老师交作业，那就收呗。一看他的作业，果然做得不错，我就表扬了他。你想，大喊大叫地进教室，不但没受批评，还因为作业写得好被表扬，受过表扬，谁还能处处想着去违纪呢？我和他交谈了很久，他也保证：以后不在走廊跑跳打闹，课间玩耍到运动场去。不管这“保证”持续多久，我都在一边欣赏着，凡事让他走心。

还有个学生，是上学期新转来的，老有人告他状，说他有爬桌子、扔垃圾等一些坏毛病。有一次，我也瞅见过他爬桌子，当时冷处理，没管他。

在入班办公一段时间后，一次班会课上，我就把一些不好的现象盘点了一下，然后讲了讲。我说：“你们总说卫熙爬桌子、扔垃圾，总说肖宇在教室里吃辣条、吃糖，我天天在这也一直没发现呀，徐奇表现也越来越好，所以我相信，即便以前有过，以后也不会再有这样的事情。因为，通过这段时间的观察，我发现我们班的孩子真的是全校最棒的！”

我用信任去“收买”他们，发现问题不较真，用鼓励让他们实现自我教育，争取达到“大事化小，小事化了”的效果。凡事多尝试，就会发现很多解决问题的办法。只想不做，问题就只是问题，不易解决。

入班办公，有了行动就能解决很多问题。但我深深地明白，孩子毕竟是孩子，他们就像稚嫩的小树，生长的姿势受风的影响，不要指望老师的一两次教育就让他们形成始终挺拔向上的样子。我能做的就是及时发现，及时处理。发现好现象，及时正反馈，让学生因此鼓足向好发展的内动力。课间很多孩子还过来找我聊天、问问题，这非常有利于我把握风向，及时精准地呵护这些“小树苗”，一起努力向上生长。

三、习惯了在教室办公

入班办公，一开始科任教师也不接受，他们笑着“驱赶”说：“你去办公室休息休息吧！”我总是说：“好、好、好，我收拾一下就走！”然后磨蹭了十几分钟才离开。以后每次我都坚持坐半节课，慢慢地再坐整节课。后来大家都习惯了我，我也习惯了在教室办公。

在教室待的时间长了，我发现，我们班老师上课都那么用心，课上得那么好，让我对老师们的敬意油然而生。我听金老师的体育内堂课、蔡老师的音乐课、赵老师的美术课，当作给自己补课，和学生共同学习；于老师的科学课，她深厚的文学素养吸引着我；李老师的数学课，她对孩子们亲切的鼓励让我很受启发；周老师的英语课，全程流利自然的发音让我羡慕不已……我陶醉于每位老师精彩的课堂。希望我能不断提升，争取应了辛弃疾的那句诗“我见青山多妩媚，料青山见我应如是”。

课上精彩处我拍图发家长群，家长纷纷点赞。这样也跟家长拉近了感情，我有需要家长的地方他们非常乐意来帮忙。

我安心地待在教室一角：备课，读书，还有更多的机会面批学生的作业和作文。由于我们班从三年级开始，开展了十多期的“共读一本书”活动，我在教室，有时还可以把学生读的书、我没读过的书加班读一读，方便跟学生交流。而且，如果孩子们的父母没有经常在他们面前读书做表率，那他们可以模仿老师的样子爱上阅读。

我在我的办公桌右侧设置了一个“开心谈话”区，我不打破原有的课间活动生态，让学生有安全感，不畏惧。课间与学生交流的话题也大多是：早饭吃什么？午休多长时间？喜欢读什么书？几个好朋友？喜欢什么运动？趁机引导他们不挑食、科学作息、爱读书、与人和睦相处、多运动等等，助力学生身心的健康成长。一切好的表现及时高调地进行正向反馈，让学生与老师相处变得和谐自然，让老师的陪伴成为他们的一种需要。

我想，只要我们爱这份工作，想做好这份工作，我们就会尝试寻找更优方案，使之不断趋于完美，把学生的成长当做自己的责任。

窗外高大的广玉兰树，过几天就要开花了，到时候打开一扇窗，香气立刻溢满课堂。花香中我们只需静静地工作，静静地韵染书香，静静地等待花开。用心倾听，也一定能听到花开的声音。

在教室一角，耐心地、安静地期待，不负我与学生在茫茫人海中的这份“遇见”。

无痕盛开　班风自来

刘青

沐浴着晨光，来到教室的一角，没有课的时间里，这里就是我的“根据地”。三两本教育书籍，一沓作业，安静地守护，默默地倾听，守护着班内一朵朵小花的成长，倾听着每一位科任老师满怀爱意的灌溉之声。入班办公的这些日子里，我做了很多，思考了很多，收获了很多，也成长了很多。

一、关注习惯养成

我们三年级（5）班的学生天性好动，男生比女生多一半，没有纪律的约束与规范是没法养成良好的生活习惯和学习习惯的。

自从我入班办公之后，我每天7点半就到教室。早到的同学就先把自己小组的卫生打扫干净，然后互相检查昨天的作业，最后根据黑板上任务化早读的安排，有序地开展早读。早读时间，每个同学都知道自己先干什么，再干什么，这让我格外惊喜！

课间，我要求同学们下课第一件事就是把当堂课本收起来，准备好下节课要用的东西，然后喝水、上厕所，最后孩子们自主游戏。他们有的和好朋友聊天；有的在图书角看书；有的下棋；有的翻花绳；还有的做手工折纸，等等。当上课铃声响起的时候，孩子们都会自觉结束游戏，马上进入教室坐在座位上，唱一首音乐课上刚刚学会的新歌曲，精神饱满地等待上课的老师。10分钟的课间活动丰富多彩，课间秩序也好了很多。

我还经常带动学生整理书洞，摆放卫生工具。只要看见了垃圾我就主动去捡，孩子们读书练字的时候，我就主动扫地。现在在我们班，总会有人捡起教室地面上的垃圾，就连冲洗拖把，学生也学我的样子，从不嫌拖把脏，用双手把它拧干。

在我入班办公后，那些在上课时管不住自己的学生，看到我坐在教室后面，坐姿变端正了，听讲也认真了。特别是那些想在我面前表现的学生，上课回答问题也积极了，读书声音也响亮了。

在我的监督下，学生的自我约束力慢慢增强。上课时任课教师讲解问题时，学生注意力集中；探究问题时，学生积极主动；完成作业时，坐姿端正。坐在最后的我发现，班上同学几乎都能全身心投入学习，注意力非常集中，几乎没有交头接耳、东张西望、说说笑笑的。

有了卫生和纪律作保障，孩子们学习成绩也慢慢进步，自信心和自主学习意识也逐渐变强，自然班风秩序井然，学风浓厚。

二、只因她是我的学生

师生“零”距离，管理更轻松。入班办公后我和学生长时间相处，我们的距离自然是越来越近。下课后孩子随时可以到我办公桌旁问问题、聊天。这样不仅有助于师生关系的培养，也让我能够在第一时间掌握班情，及时处理突发事件。最让我有感触的还是丢钱事件。

前段时间，班上李同学丢了10元午饭钱，经过调查我发现是一个平时很优秀的女学生拿的。为了保护学生的自尊心，我决定借助大课间作业改错的机会，把她单独叫到我的身边。我偷偷在她作业本里夹了一张纸条，上面写着："人非圣贤，孰能无过，过而能改，善莫大焉。"

放学前，她悄悄来到我在班级的办公桌旁，交给我一封道歉信和丢失的10块钱，后悔之情溢于言表。我再次借助课间作业改错的机会，二次回信："一个人不光要有年龄的增长还要有心智的成长，只要以后类似的事情不再发生就可以了。"本以为事情就这样结束了，谁知第二天她又借着上交练字纸的机会，悄悄放在我手里一封信，说自己好自卑。

于是我决定再次调整方案，利用坐班的机会单独找她谈心，我先讲了一个百元大钞的故事，然后问她："一张百元大钞崭新无比有人要，扔在地上被人踩脏了还有人要，即使掉进厕所里被臭气熏过仍然有人要，这说明什么？"

她小声地说："因为百元大钞还是能买百元的东西，不管脏净，它还是一样值钱。"

我轻轻地告诉她："你就是这张百元大钞，过错不会降低你的价值！"

没想到她竟然扑到我的怀里哭了。

大课间发作业时，我在她的作业本上写了一段话：“知错就改就是好孩子，你永远都是老师的好学生，答应我以后要做最好的自己。老师爱你，过去爱，现在爱，将来永远都爱！”

下午第一节课前，她走到我入班办公的桌子前，送给我一盒牛奶。她还微笑着把一封信放到了我的另一只手里。当流利的英语朗读声响起的时候，我悄悄打开信，发现里面只有一句话，但是足以让我欣慰一笑：“谢谢老师，我绝对不会再让您失望的！您是我的良师益友，我永远爱您！”

我爱我的学生，尤其在她困难、迷茫，甚至绝望的时候，我都不嫌弃、不抛弃、不放弃，只因她是我的学生！从那以后，班上再也没有出现丢东西的现象。

三、教育的另一个名字叫影响

我发现现在的学生都有非常强的自我意识，他们不愿意听取他人的意见，不愿意倾听不同的声音，总是处处以自我为中心。他们在和同学相处时往往不懂得谦让和宽容，常常会因为一些小事就大动干戈，动不动就出口成“脏”、抬手打人。针对这种情况，我每天早读抽出5分钟时间带领学生读一遍《弟子规》。

《弟子规》共1080个字，包含113件事，讲述了人这一生在孝顺父母、友爱兄弟、待人接物、尊师重道、修身治学等各个方面的规则，不但给孩子们指明人生的道路，更是给我们成人也做出了行为准则。

我觉得作为一名老师，尤其是一名班主任，只有以身作则、言传身教，才能带动教育好学生。

聪明睿智的圣人早就将生活的智慧藏在经典里，我只要带着孩子们读好《弟子规》，所有的问题也就迎刃而解了。于是，我和学生约定：力行《弟子规》，做好中国人!

张同学总是跟人斤斤计较，生怕自己吃亏，常常因为吃一点小亏就生出一肚子怨气，把自己的物品看的比什么都重要。有时一支笔、一张纸也会引发争执，班上很多同学都不喜欢他这一点。其实解决这个问题只需要一句“财物轻，怨何生”，简简单单，轻轻松松。

侯同学说话总是带着口头语，我们就一起提醒他“刻薄语，秽污词，市井气，切戒之”。

刘同学不喜欢穿校服，还经常让家长买名牌服装，课间我把他拉到身边悄悄提醒“衣贵洁，不贵华，上循分，下称家”。

赵同学是组长，对待自己的组员耐心不够，弄得组员敢怒不敢言，我课间及时提醒“己有能，勿自私，人所能，勿轻訾”。

……

我给学生讲《弟子规》也是传承优秀传统文化，在讲解的过程中，我也得到了提高。在入班办公的日子里，凡是遇到问题，我总是用《弟子规》中的经典内容提醒自己和孩子们规范自己的行为。渐渐地，学生的行为更规范了。

有人说，教育的另一个名字叫“影响”，故而有“学高为师，身正为范”一说。是的，学生皆有“向师性”。教师是个什么样的人，长久下去，他所带的班级便会呈现怎样的班风。从这个角度讲，教师不是要管住学生，而是要管住自己。班主任是与学生交往最多的人，与学生相处久了，就会发现他们似乎就是自己的投射与翻版，一个个都“像极了自己”。在以后的时间里，我会倍加珍惜入班办公时和学生在一起的每一寸时光，同他们一起成长。在未来的工作里，我会多向各位领导和同事请教，让自己的每一天都过得充实，让自己教育生涯的每一步都走得踏实而稳健!

角落里的阳光

周传梅

每一间屋子里都有一个角落，那里也许摆放着温馨的照片、儿时的玩具，满满的，填满了我们人生中一段段美好的回忆。每个人的心中都有一个角落，那里存着一些往事、住着一些人，暖暖的，温暖了我们人生中一段段成长的历程……世界处处有角落，每一个角落，都有各自的精彩。在平邑县实验小学文化路校区五年级（1）班教室的左后角约一平方米的地方，也散发着温暖的力量。

俗话说：没有规矩不成方圆。一棵小树，需要后期的施肥、浇水、修剪和疏林等，才能让它成长为一棵参天大树。习惯的好坏决定他以后的成长、成人和成才。

一个学生好的行为习惯的养成，需要家庭、学校和社会共同教育。其中，学校是关键因素，而学校中班主任的班级管理尤其重要。班主任入班办公后，我班学生在行为习惯的养成、课堂纪律等方面有了明显的变化。

记得那天是周二，实行班主任入班办公的第一天。我上完午间练字，在批改学生作业，下午第一节课是音乐，后面两排学生能看到我在后面坐着，前面几排学生不知道，以为我走了。音乐老师组织上课后，打开音响让学生复习前面学过的歌曲。听着学生响亮的歌声，我批改作业的动作停下来，抬头看看前面学生的身影。正巧我班第一排马道成同学回头，估计是想和后面同学说话，或做什么小动作，和我的目光一对，他立即坐正身体，大声唱了起来。在他“惊鸿一瞥”的过程中，我视线转了一圈，发现其他同学也都像他一样投入到歌唱中。学生认真地上音乐课，我批改剩下的作业，直到一节课结束。课后音乐老师和我说，由于这节课我在教室，学生比平时更加投入，坐得挺直，唱得洪亮，效果比平时好了太多。我说：“我在这里改作业，就有这么大的效果吗？”音乐老师说：“怎么没有，效果可大了。”后来我又和马道成聊课上这事，他说开始想和后面的同学说话，可和我的目光对视之后，立马坐正，专心学习唱歌了。我告诉他，这样做得很对，以后课堂上不要再回头说话，要专心听讲，认真学习。

对于小学生来说，班主任是具有绝对权威的，平时只要去巡班，纪律都会好很多。如果班主任把办公桌都搬到了教室，那课堂的纪律自然是不用说了。

入班后，任课老师的上课情况以及学生听课的情况，我也很容易掌握，可以根据实际情况，及时作出调整。在我的印象中，赵宇很调皮，好做小动作，成绩也不好，我很少表扬他。在英语课上，我发现他和英语老师读英语对话较为流畅时，老师及时对他进行了表扬，整节课下来，他认真听讲，积极参与互动，表现非常好。从这件小事可以看出他还是挺在乎老师的表扬和肯定的。是啊，调皮的学生也是学生，和大家一样都希望得到赏识。

从那以后，在课堂上，只要看到他认真听讲或回答了一个问题我就马上进行表扬。经过一段时间的观察，我发现他在课堂表现、作业完成情况等方面都取得了小小的进步。但毕竟小孩子的自控能力比较差，要想在很短时间内把坏习惯全部改掉是不现实的，我坚信，只要坚持把赏识教育的理念运用到实际教学活动中，一定能取得成功。

班集体是学生学习、生活和成长的重要场所，班级管理是以班集体为基础展开的。因此，建设培养良好的班集体是班级管理的核心工作，也是班主任工作成果的体现。学校和班主任通常采用一定的手段措施，带领全班学生，对班级中的各种资源进行计划、组织、协调、控制，以实现教育目标，使学生得到充分、全面的发展。

现在教室就是办公室。“入班办公”已成为学校一道特殊的风景线，教室里那个小小的角落也绽放着教育的光芒。

心向阳光　温暖前行

杨晓艳

入班办公有一段时间了，许多事情历历在目。

“软肋”

我们班的小强同学，偷偷拿他奶奶的1000元钱乱花，买东西给其他孩子吃。了解到他平时都是跟着奶奶长大的，跟奶奶的感情很深，我就从他的软肋——他奶奶的“不容易”来教育他。没有打，没有骂，他已经哭得上气不接下气，说自己改了，也回家跟他奶奶道了歉。家访时，他的奶奶抱着我激动地大哭，说他的孙子现在太懂事了，经常帮助他干家务，还特别孝顺她，有什么好吃的先想着留给她吃，她心满意足了。

“进步之星”

有一天，我满怀激情地走入教室，准备为同学们上语文课。突然发现在讲桌上，我的书中夹着一个比拳头还要大的纸团。说实在的，我的火立刻就上来了，这课让我怎么上？这些学生怎么就不让我省心呢？但是，我还是强压心中的怒火，只是抱着一线希望平和地说了一句："是谁放的？把它拿回去。"

一秒、两秒、三秒……真静，静得都能听见自己的呼吸与心跳。

这样的事，在以前也曾发生过。记得有人在玻璃上写过字，为此，我追查了一上午才把事情搞清楚。今天这事，我真的没抱多大希望。突然，小达从后桌走到前边，低着头把纸团取了回去。是，我真的没有想到，他太让我意外了！这是一个怎样的学生呀，坐在后桌不听任何人指挥，我行我素，不信任任何人……今天，这是怎么了？不过，我还是在大家面前表扬了他："谢谢你，能为老师着想，可能是谁在跟老师开玩笑，你把它拿回去，也为同学解了围。今天，老师非常高兴，你不愧为'进步之星'。"这节课，他听得特别认真，其实这也并非偶然，也许真的是那颗"进步之星"起了作用。

还记得小达刚转来时，天天拿零食当饭吃，见到谁都去惹一惹，教室里被他弄得乌烟瘴气。大家都躲着他，越躲他他就越找事，一分钟不看着他，他就跟别人打架。你批评他，他就说："我跟他闹着玩的。"我只能告诉其他同学，他想跟你们玩，只是玩的方式不对，不会跟你们交流，然后我又找时间手把手教他怎样跟别人交流。慢慢地，他变得越来越好。

那次足球比赛彻底改变了他。

他有幸成为替补队员，虽然仅上场了一次，他也是竭尽全力配合，并在关键的时候踢进了一球，让我们班获得了冠军。

同学们为他鼓掌，拥抱他，夸赞他，他的脸上洋溢着满满的幸福感。我也趁机表扬了他，并在“班级之星”的评选中给他评为“进步之星”。

自此，他对自己更加充满了信心，人也变得阳光起来，并主动帮我管起了卫生用具。

那天，我看他在扫窗台，夸他不但管好自己的事，还帮他人扫起了窗台，真是一个热心人。

他腰板挺得更直了，人也变得精神了。

所以，今天这事，可能也是情理之中的事，也许是别人放的，他能为他人着想；也许是他放的，主动承认错误。此时，无论是哪种情况，都已经不重要了，但值得肯定的是，他进步了，这比什么都重要。我真的应该感谢这个班级之星，是“进步之星”改变了他。

“星光灿烂”

我们的班级之星，还有“标兵之星”“劳动之星”“文明之星”“守纪之星”，别看这些星星不大，还真不能轻视它们，是它们帮我驯服了一匹又一匹的小烈马。

我还让教室里的每面墙都“说话”了。当他们吵闹时，我就让他们读读班级前面的“入班即静，入座即学”。有大声说话的，我一指黑板旁边，他们立刻就静下来了。当他们没有精神时，我就指着墙上的“元气满满，未来可期”，他们就立刻打起精神坐好了。

我们每周都评一次班级之星，让学生在小目标的引导下，自觉磨砺意志，主动养成良好习惯，从“被成长”中产生生命自觉，用自己的力量实现成长。

当他们不想学习时，我就让他们看看“小蜗牛集结地”，想起他们的梦想和竞争对手时，他们就力量十足……

我用教室里的班级文化时刻激励着他们，促使他们努力奋斗，时刻传递正能量！我也希望在我们的共同努力下，一定会创立最好的班级，做最美的自己。

这个学期我们班足球比赛第一、运动会第一，借此机会我让学生充分发挥团结的力量，努力学习，所以班风越来越好。

教育于我，于每一位教师，都是一腔热情与用心，一种责任与担当，一份执着与勤勉。每个孩子都是一颗火种，在黑暗中安静地等待，等待发光，等待绽放。让我们一起心向阳光，温暖前行，静待花开。

心有猛虎　细嗅蔷薇

付智慧

学校施行“入班办公”制度，各位教师积极响应，初入教育行业的我，也有幸加入“入班办公”大军，开始了与学生们朝夕相处的生活。教室后方一隅，已然变成了我恪尽职守的一方天地。

入班办公后，班里发生了各种各样的故事。有些学生，有些事情，当时觉得很棘手，但是经过和孩子们的一番斗智斗勇和耐心沟通与引导后，那些原来觉得头昏脑涨的事情，竟成为班级团结友爱的“催化剂”。

刘虎虎是学校出了名的调皮大王，他给我的感觉就是粗枝大叶、人小鬼大，好像能够踢天弄井。课上接话起哄、课下拌嘴斗架，那些你能想到的、不能想到的事情全能发生在他身上。但是，在一次“斗殴事件”之后，这位同学发生了很大的改变。

这天，同学们刚上完体育课，刘虎虎同学大汗淋漓、声如洪钟地冲回教室。他和班里的“四大天王”叽叽喳喳地议论着什么。我正在后方批改作业，看到孩子们陆陆续续从操场回来，虎虎同学身边围观的人越来越多，声音也越来越响亮。

“这委屈换我，我可忍不了！”

“打起来了！打起来了！快去告诉老师啊！”

……

同学们你一言我一语地喊着。

当我发觉事情不对劲，连忙上前穿过围观人群查看时，虎虎同学和田同学已经扭打在一起。两人面红脖子粗，虎虎同学以迅雷不及掩耳之势，重拳出击，挥在了田同学的脸上，这时田同学已经处在小宇宙即将爆炸的边缘，想要进行反击。

我快马加鞭来到他们身边，及时阻止了这场“战争”继续发酵。只见虎虎同学双拳紧握，满目怒火，仍然想要继续“开战”，但是我发现田同学的鼻翼之下已经出现了一抹刺眼的红色！在我的呵斥下，虎虎同学还是一拳重重地挥在了旁边的课桌之上，宣泄着他那内心的愤愤不平！

那一抹红色已经令我心疼不已，当拳头与桌面碰撞的声音在我脑海中炸响时，我满脑子正颜厉色之词顿时消失于无形，急忙观察他们的伤势。庆幸俩人“战损”情况并不严重，待给田同学擦拭干净“挂彩”的地方之后，我转头安抚同学们，让她们各自回到自己的座位上为下节课做准备，然后把他俩领到教室外面，盘问事情的经过。

原来，事情的起因竟是一个小纸团！田同学非说地上的纸团是刘虎虎同学扔的，刘虎虎同学并没有扔那个纸团，此时的他百口莫辩，情急之下选择了以此种不理智的方式来证明自己的清白。

经过一番思考，我先让两名同学反思自己在这件事情中的错误。思考过后，田同学首先开口说道："对不起，老师，我已经认识到了自己的错误，我不该在没弄清楚纸团来历的情况下，就说它是刘虎虎同学扔的。"我问他："那你愿意给刘虎虎同学道歉吗？"他点了点头说道："对不起，刘虎虎，我不该说那个纸团是你扔的。"此时刘虎虎依然低头望着地面，并没有出声。这时我说道："看来我们刘虎虎同学并没有认识到自己的错误呀。"然后刘虎虎说道："本来就是他冤枉我的，我都已经解释了，我没有错。""那我问你，如果是你不小心冤枉了别人，别人对你这样大打出手，你觉得合适吗？"他低下头，委屈地哭了。我耐心地说道："我知道，在这件事情中你受到了委屈，但是我们不应该以这种方式来解决你所面临的问题，对吗？"他若有所思地答了声："嗯。"我又说道："我们同学之间应该团结友爱，互相帮助，当出现问题的时候，我们应该积极沟通，耐心交流，遇到自己不能解决的问题时，要主动寻求驻班老师的帮助，你觉得老师说的对不对呀？"他抬头看了看我，说："对不起，老师，我知道错了。"我问："那你俩愿意当着全班同学的面承认自己的错误，互相道歉，握手言和吗？"他俩纷纷点头，表示同意。

就这样，当着全班同学的面，他俩握手言和。以他俩为例，我苦口婆心地对班内同学进行了一番教导，希望大家不要鲁莽行事，要团结友爱，互帮互助，遇事常思己过，有问题及时找班里老师解决。我知道了虎虎同学不善表达，可能会导致他用一些不当行为来解决问题，我就对其格外关注，课间经常找他过来交流，了解他当天发生的事情。渐渐地，他把我当成了好朋友，有事情总愿意来和我分享，并说一下自己的感受，虎虎同学变得喜欢并善于表达了。

经过这件事之后，班里再有争吵时，有些孩子会主动劝架，也有部分同学来请我当法官，我会静静地看着孩子们自己分析和解决问题，当出现不合理之处时，我再对其进行归正。渐渐地，孩子们判断是非的能力提高了，随之而来的争吵也就减少了，同学们都能站在对方的角度去思考问题，大家变得越发团结友爱了。

有天课间，我在班里扫视，不经意间发现我们班的刘虎虎同学抱着两个水杯气喘吁吁跑进教室。定睛一看，他正一手拿着纸杯，一手认真倒水冲药。他的同桌感冒了，正趴桌子上休息。我内心不禁赞叹，原来虎虎同学有如此细心的一面啊！随后，在下课之际，我和同学们闲聊时漫不经心地表扬了虎虎同学这种友爱助人的行为："同学们，咱班刘同学今天热心帮生病的同桌接水冲药，是一种非常友善的行为，值得大家学习。"我的表扬很快就传到了大家的耳朵里，大家纷纷"效仿"起来。大家主动帮同学捎带接水，主动收垃圾、捡废品，班里的氛围更加温暖，互帮互助俨然成了一种日常习惯。

后来一段时间，虎虎同学学习英语的态度有了很大的改变。刚开始，他每天趁课间来教室后边请教我两个单词，约一个星期后，便没有准时抱着英语书出现在我面前。我心想这小孩三天打鱼，两天晒网，难以坚持。我又纳闷又不甘地问虎虎同学："你怎么不来找老师学单词了啊？"虎虎同学无比高兴地说道："老师，我同桌能教我，他可厉害了，能教我很多我不会读的单词和想不明白的问题。"听到这，我内心无比欣慰。学生间的互相请教学习有时比老师的讲授更有效果。在和语文老师的交流中，我得知，虎虎同学的语文作业也有了很大的进步，书写工整了，内容也比原来充实了。现在，虎虎同学和同桌已经成了铁哥们。对比一下我初来班级时虎虎同学的样子，简直判若两人。入班后，很多同学也发生了很大变化，他们互帮互助、团结友爱，我们也愈发感到这个大家庭的温暖。

这些古灵精怪的孩子们，都如同刘虎虎同学一样，表面大大咧咧，内心温婉细腻。而这些细腻的小点需要我们耐心去发现，细细寻嗅。学校推行的"入班办公"制度刚好给了我们一个平台，从更细微的方面去了解、关心孩子，从多方面了解孩子。只要善加引导、鼓励，孩子们就会感觉到自己在班级和校园里存在的价值，就会向上向善发展，推己及人，整个班级就会变得更加积极向上。与此同时，我也能看到自己身上的特点和不足，在一次次与学生的交流碰撞中，我个人思考处理问题的能力、决策能力也有所提升。入班办公真是一个利师利生利班的好切入点。

于我过去，入班办公是我要遵守的学校制度；于我现在，入班办公是我关心学生、管理班级的得力助手；于我将来，它将是为班级锦上添花的一面旗帜。老虎会有细嗅蔷薇的时候，忙碌而远大的雄心也会被温柔和细腻折服，安然感受美好。在我们忙碌的教学生活中，入班办公能给我们机会去细嗅蔷薇，让师生互相发现彼此的细腻与美好，何乐而不为呢？

扬帆起航　共创成长

王迪

班级，是什么？

班级，是温馨的港湾；

班级，是心灵交融的地方。

看！花坛雕塑鸟语花香，环境多么优美，

空调电扇电视投影，设施多么先进。

听！抑扬顿挫笑语盈盈，老师多么亲切，

书声琅琅字正腔圆，学生多么出色。

在班级中，我们学知识学文化；

在班级中，我们学礼仪学做人；

在班级中，我们五十七颗心紧紧靠拢。

在我的班级里，有着诸多的故事，有欢声笑语、爱恨情仇、励志成长，等等，它们丰富多彩，让班级充满了活力和生机。在这里，我们不仅仅是同学，更像是一家人。学校推行班主任入班办公之后，我看到了更多孩子的故事，让我们一起来回忆并分享这些珍贵的故事。

在我入班办公的第一天就引来了全班同学的关注，我便向他们解释了一下："因为我太喜欢你们了，想和你们一直在一起，所以从今天开始，我就在教室办公了，你们有问题也可以随时来请教我。"同学们听到了这个消息，起初很兴奋，下了课，我的办公桌前总是聚集了很多"百灵鸟"，一人一个问题，弄得我是无法招架。没办法，我只能给他们下了规定，下了课，除非有事，不然不要靠近办公桌，会打扰我的学习和工作。同学们很体谅我，课间时，我身边的"百灵鸟"果然少多了，我也得以喘息。

但是后来，他们就发现不对劲了。比如，上课说话的时候，总感觉脑后阴森森的，一转头，原来是我的目光转向了他们，于是他们立刻停止了自以为偷偷摸摸实际无所遁形的说话小动作；又比如，上课想用纸偷偷地叠个玩具的时候，总会突然伸出一只"神来之手"把他们精心叠好的玩具给拿走，自己不仅会损失玩具，还会得到我免费赠送的"温柔"眼神；再比如，下课和同学们玩"身体战"的时候，我总会悄悄站在后面，等他们玩得正开心时及时制止，像一个公正的裁判，每个人都批评一下，绝不偏袒。

时间一长，他们就发现自己在偷偷做"坏事"的时候，我总是像会提前预知一样，及时打断他们，慢慢地，他们也就减少了这种行为。相对应的，他们跑得少了，闹得少了，上课不说话了，不做小动作了，我们的班级变得安静了，课堂变得有纪律了，同学们之间的关系越来越好了。"事故"越来越少，班级也越来越团结了。

随着入班办公时间越来越长，我也逐渐习惯耳边的吵闹声，毕竟才二年级的孩子，这个年纪就是自由的年纪，过多的约束反而会压抑天性，我也会在我能力范围内让他们得到相应的玩耍时间。没想到，我给的自由太多了，让他们过了火，竟然在我眼皮底下发生了“偷窃事件”。

“清晨我来到美丽的校园，抬头看到白云蓝天，鲜艳红领巾飘荡在胸前，我就是新时代少年……”伴随着每日清晨的校歌，我迈着轻快的步伐，走在校园的路上。在我刚走到楼上，想要进到教室的时候，一声清脆的“老师”，把我拦在走廊里。

“早上好呀，有什么事情吗？”我看向拦住我的同学，好奇地问。

“老师，我的奖励卡够30分了，可以兑换小奖励了，您上课的时候可以帮我换一下吗？”眼前的小女孩眼睛里闪烁着期待的目光。

“这么棒呀，积分卡够了，当然可以兑换小奖励了呀。”我刚说完，突然想起来，这小姑娘平时表现得也不是特别好啊，怎么突然之间有这么多奖励卡呢？

我仔细地想了想，不对劲，绝对不对劲，我的职业敏感性让我警觉起来，别再是让我遇到了传说中的学生偷拿东西的行为了吧。我认识到事情的严重性，也明白我必须处理好这件事，毕竟教师，不止要以教好学生学习为主，还要注意他们良好的品德和行为习惯的培养。

我面上波澜不惊，心里却暗流涌动。我把她带到了一个没人的办公室，问她：“你一共获得了30张奖励卡了是吗？真厉害呀！可是，老师怎么记得你没有获得这么多呢？”小姑娘的声音一下子提高，眼眶一下子就红了：“我就是获得了奖励卡呀，不是30分就能换了吗，老师，你是不想给我换了吗？”我没有因此而打消我的疑虑，我说：“哎呀，别激动嘛，老师就是问问，你先冷静一下。”看到小姑娘渐渐冷静下来，我又开口：“咱们一起查一查，一共得到了多少奖励卡，怎么获得的呗，这样不就清楚了嘛，是吧？”她点点头。

我把她平时获得奖励的行为数了一下，让她自己计数，数完问她：“查完了，你看，能到换奖励的数量了吗？”

她没说话，我声音开始严厉起来：“这个积分卡就我在用，数学老师不用，所以发给同学的每一张我都记得很清楚，既然没有这么多可以获得奖励的行为，你怎么会有这么多奖励卡呢？”

她说：“真的是我自己得到的。”但是声音没有一开始那么自信了。

我问她：“真的是这样吗？”

她不说话了。我改变了严厉的语气，换上温柔的语气，循循善诱。

“你能告诉我吗？我有点疑惑。”

她还是不说话。我又改变了策略：“只要你能诚实告诉我，我可以给你一次机会，谁都会犯错，那不可怕，但是重要的是态度，不要怕承认，也不要怕批评，毕竟有批评才有进步，只要改正了，就还是好孩子。”

“你不说，我就打电话给你家长了，我倒要问问，到底怎么回事！”到这时候，我也有点生气。

听到这些话，她面上有些松动，我乘胜追击：“这里没有别人，只要你诚实地告诉老师，这会成为我们的小秘密，只要你能认真改正，老师绝对不会告诉别人。”

她听了这些话，再次红了眼眶，终于忍不住哭了出来，我等她平复了下心情，问她：

“这次能告诉我了吗？”

“是我看你还没来，在你办公桌抽屉里拿的。”说完，“小金豆”就跟着下来了。

我听了，暗暗松了一口气，还好选择了承认，说明还有能教育、能变好的机会。不过，虽然内心已经猜到了，但听到她亲口承认的时候，还是有点伤心。我等她哭了一会儿（其实也在想怎么开导她，毕竟也是第一次遇到这样的事情）。

“你知道吗，我心里其实很高兴，因为你勇敢地承认了你的错误，这说明你是一个诚实的孩子，你选择‘拿’奖励卡，是因为你想获得表扬，说明你有上进心，是个想进步的孩子。虽然选择的方式不对，但是我们可以改正呀，想获得奖励卡的方式有很多，比如上课回答问题，课上、课下保持好卫生，遵守纪律……你看，有这么多方式可以选择，我们不需要用错误的方式获得不正当的利益。堂堂正正，才能无愧于心呀。”

她点点头，我让她想一想接下来该怎么做。她弯着脖子，嘟起小嘴，认真想了想说：“老师，我知道了，我以后一定遵守纪律，上课好好听课，多回答问题，这样我就会有很多很多奖励卡了。”

我向她竖起了大拇指，说："这才是一个好孩子、好学生呀，老师相信，通过你的努力，一定可以做到，我们约定。"我朝她伸出了手掌，在空中击了个响亮的掌。

至此，这件事情得以圆满解决，我也信守了承诺，没有揭发她。她也遵守了我们的约定，上课时我能看到她高高举起的小手，我也会经常提问她，让她体会到通过努力获得奖励的时候，是多么开心。看到她表现得越来越好，人也越来越开朗，我心里真是骄傲。

这件事情也给我敲响了警钟，我找了个时间专门开了一节小班会课，用看视频、讲真实故事、同学们各抒己见的方式，让同学们深深认识到偷盗带来的危害。看到同学们那一张张认真的小脸，我再次深深地认识到"老师是人类灵魂的工程师"这句话的分量。

当然，类似的事件还有好多，其中发生最多的就是打闹。毕竟还是低年级，学生好动且控制不住自己的力量，所以偶尔会有学生发生磕碰。每当这时，我会先把当事人叫到我面前，了解事情的真相，妥善解决这件事情，不偏不倚，把真相还给学生。我还会在班级里开一个小小的班会，把事情的利弊说清楚，减少此类事情发生。然后，我会针对这些事情想出对策，比如设一个管理纪律的小管理员，随时看着同学们，玩得快乐的同时又保证安全，效果比我预想的还要好。于是，我又找同学当了卫生管理员、声音管理员、书桌管理员、行为习惯的管理员等等，产生的效果当然是成百上千倍的好。

正是有了同学们的努力，我们班级的卫生保持好了，同学们也自律了，下课乱喊乱叫的现象也少了，文化墙也经常更换，让同学们保持新鲜感。班级越来越好，我也不再是那个没有头绪的愣头青了，面对发生的事情也会保持镇定，冷静地处理了。我自认为是一个“懒”班主任，因为我经常对同学们说，班级管理靠的不是我，而是他们。这样他们的责任感就被激发出来，我只负责发号施令，他们就能把事情做好。

当然，班级也不止班主任，还有各位科任老师，这些老师对孩子的影响是很重要的，因为学生在校时间比在家还多，与老师相处的时间长，这对老师的要求也就更加严格。班级中我与数学老师相处最多，我班的数学老师教学经验很丰富，也做过班主任，所以我管理班级的经验大多是从他那获得的，他也给我提了很多可行性建议，也会和我一起管理班级，对此我十分感谢。

看到孩子们都能参与到班级活动和管理中，班级越来越好，我心里真是说不清的喜悦。

以爱相守　用爱相惜

唐鑫

在入班办公以前，由于我的严格，学生见了我都像是老鼠见了猫一样，立即就躲。但是自从入班办公以后，学生能够主动与我亲密交谈了，这让我很是欣慰。后来，我也学着多去与他们交流，平时课间我会在办公桌前和孩子们聊家常，以此来了解每个人的生活，久而久之，他们便会主动找我谈心。每当听到“唐老师，我最近表现怎么样”，我都会觉得很欣慰；每当听到“唐老师，我帮你倒杯水去”，我的心总会涌上一股暖流……我不知道我在孩子们的心目中是处于何等地位，但我能感受到的是，我不再仅仅是他们的老师，愿我的真诚能换来孩子们的真心。

一、我发现他改变了

接到新班后，一直有一个让我头疼的孩子，他的名字叫小源。他个子高高的，头发短短的，脸上总是透着一股倔强。他的成绩惨不忍睹，上课的时候，给人的感觉就是不知道在想些什么，反正心思是没在学习上。课间的时候，就数他爱闯祸，每当我去上课，同学们总是围着我不停地告他状。这也导致了我们班在他的影响下，班级风气是一落千丈，这让我十分头疼。

但是自从入班办公以后，我渐渐发现了他的闪光点。他虽然倔强，但很善良。我经常会在下课后，把他叫到旁边与他谈心，我试着用我的心去改变他。一开始他不以为然，依然我行我素，但是随着我们关系越拉越近，他改变了。他总会时不时地找我聊天，我也会去鼓励他，成绩不好，我会和他说：

“你只要记住，任何时候自己都不要放弃自己，做好自己的事，不要管别人的看法，别给自己留遗憾。”

“人啊，不蒸馒头争口气，你一个人也可以是千军万马，势不可当！”

“坚持做好自己，打开自己的心门，迎接所有的开心和不开心，因为那都是你生活和学习中的一部分，哪怕是烦恼、不开心和暂时的失败都要去接受，就像一张拼图，少了不起眼的一片也是不完整的。”

……

他听了我的话后没有说话，只是默默地坐在了自己的位置上。但是后来我发现他改变了：上课时他会认真听课，踊跃发言了；下课的时候也不调皮打闹了；甚至是经常与他一起玩的同学，在他潜移默化的影响下也悄悄发生着改变。在他的改变以及其他同学的带动下，我们班的班风班貌越来越好，获得了学校领导与家长的肯定。

二、编演课本剧

在入班办公一段时间后，我发现我们班个别同学没有养成讲文明讲礼貌的习惯，无论是课上还是课间，总能听见一些不和谐的语言。

为了让学生更深刻地懂得讲文明讲礼貌的重要性，我让学生课外收集有关文明礼貌的故事，并在班会课上或讲或演给其他同学。学生收集了好多故事，如《张良拾履》《孔融让梨》《拜师学艺》等正面故事，又如《山羊过桥》《螳螂捕蝉，黄雀在后》《鹬蚌相争，渔翁得利》等反面例子，特别是《鹬蚌相争，渔翁得利》的故事让学生感想良多。

我请班内几个平时特爱捣蛋的学生，把这个故事编成课本剧在班内表演，还请这几位学生说了表演后的感受：

“吵架时骂声很难听。”

“这种行为很恶劣。”

“让我们心生厌烦。”

“让人笑话。”

“不文明，没教养。”

……

最后，我说：“吵架的小朋友是相当不划算，因为他们不但会被其他同学笑话，给同学们留下不好的印象，而且同学们看到他们这样不文明，也不会愿意和他们交朋友的。你们说，是吗？”

学生们都回答说“是”。

那一次的班会课，使班内的学生又一次深受教育和启迪。

从此，我们班的学生再也没有人去说那些不文明的词语了，我们班也因此获得了“文明班级”的称号。

三、大分享与小惊喜

在教室的办公生活是丰富多彩的，不会感觉到无聊。课下我的办公桌经常会被围得水泄不通，孩子们会和我分享他们的课余生活：去哪里旅游了，去哪里买了什么好吃的，玩了什么，或者看见了一只奇怪的虫子，等等。一时间不知道该先听谁的了。

听着他们的所见所闻，我觉得就像一首首好听的歌曲一样，清脆悦耳。我就是他们的“树洞”，是他们倾诉的对象。有时我感觉自己不仅是他们的老师，还是朋友、阿姨、大姐姐。

他们还时不时给我准备一些小惊喜，我的办公桌上经常会出现很多美好的东西，比如一朵小花，一块糖果，甚至一颗蓝莓等。这些都让我感动不已。

有一位诗人这样说过：如果你种下的是葵花，秋天收获的会是一片金黄；如果你种下的是甘蔗，秋天收获的定是甜蜜；如果你种下的是自己的一颗心，收获的一定是一轮火红的太阳。

以爱相守，用爱相惜。在今后的教育工作中，我要继续努力提高自身的专业素养，用自己的真诚去浇灌祖国的花朵，用自己的真爱为孩子们撑起一片幸福的蓝天。

春风化雨晴润物，以德育人馨满园

王欢

阳光从不开口说话，

无言的它赋予世界光明温暖；

春雨从不耀武扬威，

无言的它滋润万物细腻无声。

——题记

一、陪伴、赞美是最有效的管理

作为班主任，最好的陪伴就是深入到学生中间，不论是课上还是课间，与学生密切接触，深入了解他们的一举一动。平邑县实验小学教育集团工善红校长大力推行班主任“入班办公”这一举措，为班主任深入走进学生、陪伴学生提供了有力保障，为我们的班级发展、学生成长起到了助推作用。

说起“入班办公”，于我而言，并不陌生。在我踏上讲台的第一个学年，就迎来了学校实行课改，班主任的首要职能就是入班办公。通过那段亲密陪伴的时光，我感受到了一双双小手传递过来的温暖，体会到了职业幸福感：办公桌的抽屉里经常被学生塞满牛奶、水果；身体不舒服的时候，学生会第一时间把药悄悄放在我桌面最显眼的位置；心情不好时，他们还会像小大人一样用暖心的话安慰我。我们像家人一样互相关爱，温暖彼此。

来到实验小学这个有爱的大集体，再次踏入教室，开启“入班办公”模式。我时刻陪伴着孩子们，不停地看、听、记、学，观察学生的一举一动。每天反思自己的班级管理工作有哪些不足，哪些方面需要改进，向有经验的同事请教有效管理班级的方法。最终，我这个原本极度“活跃”的七班，渐渐沉静下来，明亮起来，一张张小脸神清目明起来。

班里的吴小然同学，一直是最淘气、最让老师“头疼”的学生。他每天都在走廊里扭来扭去、尖声怪叫，每天都会被巡查的领导或“红领巾小卫士”抓住，扣班级量化分。有几次他犯了错误，我狠狠地批评他，正巧被韩校长撞见，韩校长用随和的语气劝诫我：不该这样教育孩子，应该放低姿态，春风化雨，用心感化。

于是，我把吴小然调到了离我办公桌比较近的位置，每天观察他。通过深入了解小吴同学，我发现他身上有很多值得被表扬的地方：他虽然习惯不好，但是爱好书法，只要安静下来，认真书写，就能写一手漂亮的字；他虽然成绩不突出，但是上课回答问题特别积极；他虽然总是给班级扣量化分，但是特别勤快，打扫卫生的时候不怕累，不嫌脏；他虽然每天都和同学发生争执，但是特别会关心人……每当他有一丝值得表扬的行为时，我会毫不吝啬地把我的赞美之词抛向他，有时候他会被我夸得用手捂着脸，羞涩地笑着。

慢慢地，我发现小吴还是一个小暖男：当班里的女生搬着凳子去储物室的时候，他会飞快地追出去帮忙扛凳子；中午在餐厅吃饭的时候，他看到我没拿包子，以为是我没“抢”到，主动放弃自己餐盘里的美餐，给我递过来一个热乎乎的大包子……

这些小小的行为，都体现出小吴同学心地善良、心思细腻、乐于助人的良好品质。

后来，我发现他总是站在教室后门等我，我一转到走廊口，他就远远地迎面跑来，迫不及待向我“汇报”班里的情况。现在的他有了主人公意识，他觉得班级的良好秩序需要他，所以他绝不会再做违反班级公约的事情。

二、身教重于言传

为人师者，亦为人模范。最好的教育是不教育，是言传身教。做好真实的自己，孩子们的接受力和向师力远比我们想象中强，班主任在教室的一言一行、所作所为，都会落在他们的眼中，沉入他们的心里，得出属于他们自己的结论，不断累积。

把办公桌搬到教室的第一天，我就精心布置了我的办公桌，插一束清香的花，整理归纳好桌面的各种物品，这样不仅自己办公的时候赏心悦目，同时也会用无言的行动感染学生。

无言的行动是最好的教科书，它使教育更加具体，更加深刻。用真实的行动来感化学生，运用“行”的力量去求真务实，在潜移默化中影响班内的每一位学生。

我本人性格较慢，但是做事求细，有点“强迫症”，还有点吹毛求疵。这些特点，最近在我班学生身上开始有所体现：小徐课间在教室走动，不由自主地摆正稍微倾斜的课桌；小祝发现地面上有小小的黑色毛絮，第一时间拿起扫帚扫干净；小吴擦黑板的时候，反反复复洗好几遍抹布，把黑板擦得光滑锃亮……

来我班上课的老师，总是忍不住说道：“你班可真干净！”

我还不止一次听到学生在课堂上给其他老师指出黑板上书写的“不规范”，这吹毛求疵的毛病可真是跟我学来的！

三、用爱唤醒心灵

即将迎来期盼已久的“五一”小长假。我坐在教室的角落里，悄悄地听他们在讨论假期会跟随爸爸妈妈去哪游玩，嘴角忍不住上扬，真替他们感到兴奋！当然放假前，我再三强调假期安全问题，尤其是出行交通安全。

然而，天有不测风云。假期我接到了小诗爸爸的电话，得知小诗假期里乘坐爷爷的机动摩托车出行，在过红绿灯的时候不幸遭遇车祸，小腿粉碎性骨折……

因为我在两年前也经历了一场刻骨铭心的骨科手术，深知血肉深处的骨头受伤有多痛苦，忍不住心疼小诗将要遭受切肤割骨之痛！

假期结束了，回到学校的我们也没法见到小诗天真可爱的笑脸，因为小诗正在市里的医院接受治疗。

我向孩子们讲述了小诗的遭遇，同时再次进行安全教育，最重要的是我表达出对小诗的关心以及怜惜。

后来，我建议大家晚上没事的时候，可以给小诗写一写想说的话，分享最近学校的有趣见闻，表达对她的鼓励，帮助她渡过难关，早日归来。

很快，我们又迎来了童年阶段最重要的节日——“六一”儿童节。

全校师生都忙得不亦乐乎，精心准备零食，用心布置教室。下午的派对就要开始了，我走进教室，潇潇对我说很多同学给小诗准备了礼物，能不能让小诗回来过节。我惊讶于潇潇的提议，并且抬头看到黑板上的板报，眼眶顿时湿润了……这群善良的孩子们在黑板中间画了一个大大的礼物盒，里面写了小诗的大名。他们实在是太想念小诗了，太希望和小诗一同度过这个最重要的节日了。于是我拨通了小诗父母的电话，并拍下板报发给他们，小诗感动得流下了眼泪……

但很遗憾，小诗的手术还未满月，无法下地活动。

孩子们一个个失落的小眼神，深深打动了我。于是，我决定利用周末时间，带着孩子们的书信以及礼物，去看望小诗。孩子们在信中写道：“小诗，我们七班越来越好了，成绩在一步步提高，班级凝聚力也越来越强，我们等你回归到这个和谐友爱的大家庭！”

爱的唤醒是双向的，用爱唤醒心灵，用爱润泽心田，整间教室都芬芳四溢。

四、大爱无声，大象无形

阳光从不开口说话，无言的它赋予世界光明温暖；春雨从不耀武扬威，无言的它滋润万物细腻无声。无言的力量不容忽视，伟大的教育正是如此，从无言的行动中体现着教育的内涵。

无言的行动，使教育更加具体，更加深刻。随着我们师生之间的互相影响，我更加热爱我的班级，每天把全部的精力倾注到班级管理以及教学中。慢慢地，孩子们的书写越来越规范了，习惯越来越好了，成绩也自然而然提高了不少。

教育是一种润物无声的渐染，是一种春风化雨的感化。教师的人格魅力、宽容博爱以及渊博的知识，潜移默化地影响着学生，对学生的发展起着非常大的作用。所以，随着班主任入班办公，我们的班级整体发生了巨大的改变，从行为习惯到精神风貌，一天比一天好。在接下来的工作中，我会时刻陪伴在孩子们身边，用无言的力量影响他们，引领他们，照亮他们前进的道路。

第三章 教师成长

砥砺不息的个人进取

学海无涯，书山有路，个人的成长永不止步。入班办公助力教师成长，博人之长补己之短，后为己用受益无穷，在育人教书的道路撒播人生炽热的光辉！

角落里的光芒

王玲

时光是公平的，它从不肯为谁停下匆匆的脚步，也不会为谁多送一分一秒。班主任“入班办公”，在教室里和孩子们朝夕相处，发生了一个个动人的故事，让教室的办公角落散发出迷人的光芒，激励着老师和孩子们不断进步。

老师，我错了

下课铃刚响，我有点疲惫地坐在办公桌前，想喝点水，忽然听见有学生吆喝：“某某打人了！”我抬起头，发现好斗的张同学正抬起手想打王同学。我用责怪的眼神盯了张同学几秒，他乖乖地走到我面前，说出了事情的原委。（不承认不行啊，老师可是一直待在教室里呢！）随即张同学开始道歉：“老师，我错了。”

“错在哪里？”我颇感欣慰。

“同学之间要互相理解，互相包容；遇事不可冲动，冲动是魔鬼。解决不了的事情可以向老师求助，不能打人。”

“知道就好，去抱抱你的朋友，安慰一下他，对你刚才的冲动表示歉意。”

看着真诚的张同学和破涕为笑的王同学拥抱在一起，我也高兴地笑了。我教育了张同学，自己也感受到：亲眼所见的事实，孩子有错就改也没那么难，“入班办公”节省了班主任调查破案的时间。

“读”懂李同学

初次见他，是在一个晴朗的午后，我接了他们班，和李老师去教室交接。我最先看到的就是李同学，他坐在最前排，个子不是最矮的，白皙的脸庞，大大的眼睛，怯怯的，文文静静的，挺招人喜欢。

上课的时候，我喜欢看李同学忙碌的样子，他总是努力地学习，写的字也很端正。可就在第一课学完听写生字时，他却一个也没写对。我告诉他，写的时候要用心记，随后又教给他一些记字的方法，他听得也认真。有一次，课堂上我提问他，他低着头，沉默不语。我让他到讲台上来，告诉他，老师提问不能不说话，如果不会，说句“老师，我不会”，让老师知道，这是起码的礼貌问题。说话间，他竟然哆嗦起来，我没打他没骂他，他竟然紧张成这样。

接下来的日子，我总是找机会和他聊天，有时摸摸他的头，有时让他读书给我听。他经常怯生生地接近我，忽闪着大眼睛，一句话也不说。有时会递给我一颗枣，有时会帮我擦桌子。接下来发生的一件事，却让我看到了他的另一面。

有一天下午，我刚坐在办公桌前，他急匆匆地走过来，气喘吁吁，满脸通红，浑身哆嗦着，手捂着肚子，结结巴巴地说：“老——师，我——肚子——疼。”我问他能坚持吗？他摇摇头。我正想给他爸打电话，四年级的王老师找来了，他哆嗦得更厉害了。

原来，上午第四节课，我们班的体育课，他没有去上，而是和其他两位同学，跑到四年级（5）班教室里（当时这个班学生上信息技术课去了），翻了好多同学的桌洞，拿了他们的东西，还在他们的本子上写了脏话。

我都有点蒙了，我眼中柔弱乖巧的他，怎会做这种事？

王老师陈述完，我质问他们，他们都承认了自己所做的事。我当时很生气，逃课、乱拿别人的东西、在别人的本子上写污言秽语，那还了得！我让他们写了检讨，通知家长接回家反省，并予以赔偿。

四年级的王老师把所丢东西的账单给我，一共87.5元。我想让他们知道：做错了事，光认错不行，还要承担责任，赔偿别人的损失。我让他们每人赔偿30元，他们把钱交给我，我领着他们找到王老师，当面道歉并转交给她100元。

晚上，李同学的妈妈打电话问我：“孩子回家说，他交的钱不够，不能让老师垫。咋回事？”我被他感动，他明白做错事要自己担当，不能连累别人，他是一个善良的孩子啊！

第二天我对他说：“没教育好你们，老师也有责任，那10元钱算是老师自罚吧。以后你们要严格要求自己，做应该做的事，别再犯错，别再让老师受罚了，老师很‘穷’的哦。”

他笑了，一脸轻松。

我细细地观察李同学。慢慢地，我明白了他为什么总是怯怯的、唯唯诺诺的，一脸自卑的样子。

那是成绩惹的祸!

他基础太差了，语文、数学、英语三门课程总分不到50分。老师批评他，同学看不起他，爸爸妈妈一星期不见他，住在托管，周末回家，心里苦闷向谁说?他爸好像有钱，或许是为了弥补疏于照顾他的愧疚，总是给他零花钱，促使他养成了坏习惯，不吃托管里的饭菜，买垃圾食品吃，吃坏了胃……种种，塑成了他复杂的性格。

入班办公，让我走进了孩子的心灵深处，对孩子实施更好的教育，让“润物细无声”的教育渐入佳境。

师生情深

入班办公后，我成了孩子们队伍中的一员，我和他们一起玩，一起笑，他们烦恼时和我说说，我一点拨就好了，他们感觉我真的和他们是一家人了，天天快乐地围着我，像叽叽喳喳的小鸟说个不停，把我当作朋友。

他们是诚心诚意地对我好：

王同学每天主动给我打水、烧水，有时还早早地给我泡上菊花茶。

有一天，赵同学塞给我一小包牛肉干，告诉我：“王老师，这是我姨妈从内蒙古给我捎来的，可好吃了，您快尝尝吧。”

腼腆的张同学以前很少和我说话，现在每天早上我还未到，就把我的办公桌擦得干干净净。

李同学把家里的《上下五千年》拿给我："王老师，知道你爱看书，这本书可好了，我已经读完了，送给你读吧……"

一杯茶，一本书，一包牛肉干，一张干净的办公桌，看似简单，其实是孩子们对老师的情谊。我坚信了那句话：好事情是做出来的，感情是相处出来的。

成人间的社交不也是这样吗？人与人的情感也是需要经营的，需要付出的。孩子们再一次教育了我。

教学相长

我的办公桌上总是放有几本书，读完了就换新的。孩子们发现了就问我："老师，这书好吗？"

我说："好！这本书你们也可以读的，想读就借给你们。"

孩子们把我借给他们的书当作宝贝，回家和妈妈说："这本书是王老师的，她读完了，借给我们读，我们一定好好读。"

他们的妈妈听了，高兴得不得了，打电话感谢我，说孩子终于爱上读书了。

有时我沉浸在书中，无意中一抬头，会发现好几双眼睛望着我，眼里充满了羡慕、好奇和敬佩，我会对他们笑笑，传递着我的鼓励和期待。同时孩子们也激励着我：必须坚持学习，不能偷懒，坚持做好他们的榜样。

让教室角落里的光芒更温暖，更灿烂些吧！我们需要，孩子们更需要。

用爱浇灌　静待花开

王芳

波兰作家显克维支说过：“如果每个孩子都觉得有一只‘温柔的手’在引导他前进，而不是用脚去踢他的胸脯，那么教育就能更好地完成自己的使命。”我坚信这一真理，并坚持做一名温柔而有力量的教师。

一、小报告与小开心

入班办公以后，课间经常会有孩子围过来，跟我汇报班上一些顽固分子的种种“劣行”。大概都是一些鸡毛蒜皮的小事，比如谁喊谁绰号了，谁把桌子碰歪了，谁拿糖吃了，谁碰了谁一下，等等。这些小家伙每次在跟我说这些的时候，都能用上特别夸张的语气，感觉似乎是同学犯下了什么“滔天大罪”，然后心安理得地看同伴接受老师的批评或惩罚。

有一天，我突然觉得特别不喜欢孩子们之间的这种相互的指责。这些看似是为了班级利益，实际上却更像是一些小小的、故意的人身攻击，这样的指责已经背离了我教育的初衷，我只是想让每个孩子改正缺点，变得更好。我看着他们，不说话，他们面面相觑，有几个懂得察言观色的悄悄闭上了嘴，还有几个固执地嘟囔着。

我对他们说："老师今天的心情有点儿不好，接下来你们告诉我的事情，肯定会让我心情更糟糕，有没有什么让老师开心一点的事情，跟我分享一下？"

孩子们互相眨巴着眼睛对视了一会儿，突然一个小男孩说："老师，有高兴的事。今天数学课，老师表扬我们全班同学都有进步！"

紧接着就是七嘴八舌。

"老师，今天美术课，我的作品被老师表扬了。"

"今天嘉行的数学作业全做完了，还得了一个优秀呢！"

"今天书柜上的花开花了！"

……

说着说着，我看到孩子们都笑了。

有的小孩边掰着手指数，边说："今天有那么多高兴的事啊！"

等孩子们都说完了，我问大家："现在的心情怎么样？"

孩子们相互会心地看看，笑了。

我说："以后大家要试着多发现身边美好的人和事，对别人的缺点和错误，我们要学会包容，去善意地提醒他改正，这样我们就会快乐很多，不是吗？"

孩子们微笑着点点头。

我的心情也一瞬间好了很多。

至于孩子们原本想告诉我的那些不开心的事情，我也不想追问了，因为我相信在赞美声中长大的孩子，是懂得感恩的、快乐的、追求自我进步的孩子。

二、一张节日卡片

祺是一个特别胆小、内向的孩子，瘦瘦的，眼睛里总是流露着与他年龄不符的忧郁。因为胆子小，上课遇到不懂的问题，祺不敢问，学习成绩逐渐下降。班上很多同学喜欢取笑他，并给他取外号“倒数大王”。祺每次小脸都憋得通红，显得无比气愤。

刚进班时，看到祺上课小动作多，爱走神，还是个鼻涕虫，我就在想，这个孩子难道真的天生比别的孩子笨？

我不太相信，我决定去祺家看看。

祺家住在一条巷子里。走到他家门口，他的奶奶没在家，祺也去附近玩了。我等了十几分钟，远远看到他奶奶向我走来，那饱经风霜的脸上挂满了笑容。

“老师，你来了，快请进屋坐。”

奶奶进屋连忙拿来椅子，谈起了她的宝贝孙子祺。奶奶无奈地说：“这孩子可怜，他爸爸重新组建了家庭，又有了一个儿子，早就不管他了，妈妈改嫁了，也有了新的家庭，也几乎不管他。”

听到这里，我感觉心里一紧，原来这孩子是如此缺少父爱、母爱。

奶奶接着说道："平时孩子很好动，总是出去玩，又喜欢玩手机，我这个当奶奶的也管不了他。"说着说着，眼泪就夺眶而出。

我连忙安慰她：男孩子调皮爱玩是天性，但是祺学习上还是挺踏实的，作业每次都完成了，好好学习会进步的。我们聊了很多，表示孩子需要家人的关爱。

临走时，奶奶热情地拿来鸡蛋，说是自己家养的土鸡蛋，要送给我，我连忙拒绝："鸡蛋还是留给孩子吃吧，你们年纪大了，照顾孩子辛苦了。"奶奶拉着我的手说："老师，我家孙子就拜托你了。"看着奶奶花白的头发、恳求的眼神和那瘦小的身体，我十分动容，回应道："我们会尽最大的努力教导他的，您放心吧！"

原来祺是一名留守儿童，在成长中缺少了父母情感上的关注和呵护，才会产生这个年龄本不该有的忧郁。

有一回，祺被班上一个同学绊倒了，右手和胳膊都被擦伤了，坚韧的他眼泪在眼眶打转，却没有流下来，他一瘸一拐地爬起来，艰难地挪进教室。我看见了这一幕，焦急地从工位上起身向他走去，关切地扶住他的肩膀，问他："是不是受伤了，是哪位同学把你绊倒的？"他摇摇头，说自己摔的。那一刻，我好心疼，马上找来医药箱，帮他处理伤口，过程中他疼得龇牙咧嘴，但就是不吭声。他瘦弱的身体靠在我的肩上，我感受到小小的身躯里蕴藏着大大的能量。

那段日子他走路腿脚不方便，歪歪倒倒的，我经常蹲在他面前查看他的伤口。渐渐地，我发现他看我的目光变得温柔了。

有一次，刚上完课回到工位上，祺主动拿着课本过来问我："老师，这句'接天莲叶无穷碧，映日荷花别样红'，我还不会描述想到的画面。"我马上热情地给他引导，他听得特别认真，脸上挂着纯真的笑容，眼里藏着明亮的小星星。

成长路上，祺虽然还会遇到许多困难，但我相信，只要他认真刻苦，勤学好问，一定会有质的飞跃。现在一到周末，我就会打电话关心他，有时候还去他家里帮助他。

在学校我组织活动时，也会鼓励同学们多去帮助他。课间，我时常找祺聊天。在与祺交流的过程中，我发现他逐渐变得开朗起来，愿意向我打开心扉。渐渐地，他变得喜欢帮助人，班上有什么需要帮忙的事，他总是第一个举手，同学们也在向他靠近，一改之前对他的态度。

现在，祺学习成绩突飞猛进。"六一"儿童节，他给我写了一张节日卡片，字迹虽不好看，但感情真挚，祺说："王老师，您是打开我心窗的人，是您让我体会到了有妈妈的感觉。"读到这句话，我的眼睛湿润了，心中有一股暖流在涌动。

我，学会了如何爱学生，也感受到了为人师的幸福。未来我会初心不改，以细腻温柔的力量，在一颗颗童心里洒下阳光，引领他们健康成长。

入班办公以来，工作是烦琐的，但是能每天感受孩子们的喜怒哀乐，见证他们的每一个成长瞬间，内心又是无比幸福的。这一学期，我和孩子们每天都在演绎着不同的故事，我们共同经历，共同成长，我只想用我最朴素、最真挚的情感去唤醒他们内心深处那个最好的自己。

心心相印　长善救失

韩香艳

我是一名新任班主任，去年八月份加入第三实验小学这个大家庭。作为一名踏入教坛不足一年的新教师，“入班办公”让我同学生们一起，不断学习，不断进步。每天从晨光熹微，到夜幕降临，从头到脚，从内而外，我360度“无死角”地接受着学生们“赠予”的“淬火锤炼”。

一、教育是心心相印的活动

一年级是学生行为习惯养成的重要时期，工作尤其琐碎。为了养成良好的班风，树立我的威信，开始，我板着脸组织孩子们的活动，上课时只要有一个孩子说话或搞小动作，我都会严格管教。

经过一段时间，班级常规是好了点，孩子们的生活、学习习惯也比刚开始有了进步，可是他们也很少黏着我“说三道四”，我多少有些失落。怎样才能让孩子们既听话又不畏惧我呢？我开始思考。孩子们都爱听表扬、鼓励的话，也喜欢被教师、同伴关注。对，“温严并用”也许更好，我何不多对孩子进行表扬和鼓励呢？

我决定改变做法。当学生听课注意力不集中时，我会对他说：“上课不说话，认真听讲，我相信你能做到，能做得很好。”刚开始效果甚微，但我总是坚持鼓励他们，并设立了奖励制度，凡是举手回答问题、遵守规则、排好路队、保持卫生、按时完成教师布置的各项任务、知错就改的，都会有奖励。

刚开始利用贴画，三张贴画换一张红奖状，五张红奖状换一张表扬信，十张表扬信换一张大奖状。后来我学着使用“班级优化大师”，利用小管家加分制来管理学生。久而久之，孩子们能够自觉遵守纪律了。正如陶行知先生那句话：“真教育是心心相印的活动，唯独从心里发出来的，才能打动心灵的深处。”

二、教育是长善救失的活动

在日常生活中，我想每个教师都有很多和学生之间的小故事。这些故事虽没有那么多感天泣地的情节，但也有许多使人印象深刻的情景，意味深长，使人感触良多。

我们班有个张同学，刚开学上课时他表现得还算收敛，偶尔上课注意力不集中。过了不久，他上课时能从桌子滑到地上，坐到地上研究桌洞里的秘密，搞“地下工作”，甚至会把自己的鞋子脱下来玩。

旁边的同桌开始举手告状：“张同学脱鞋了！”

这句话让全班同学哄堂大笑。

我走到张同学身边说：“快把鞋子穿上，我们好好上课，好好上课老师就表扬你，还给你发奖励呢！刚才你的坐姿就不错，老师觉得你还能坚持坐好。”

他慢慢穿上鞋子，坐好了。可是没坚持多长时间，又开始坐到桌子下面玩鞋子。

又一次上课的时候，张同学还是坐不住，劝说已经不管用了，我捡起鞋子对张同学说：“快起来！再不起来就把鞋子扔出去，给你妈妈拍个视频，让你妈妈看看你在学校里的表现！”

一听到要“拍视频”，张同学有点害怕，带着哭腔说：“不要拍，不要拍。”

我说：“不让拍，你就起来，坐好！认真上课！”

可他嘴里还是一直说着“不要拍”，一点坐好的意思都没有，还用手来阻拦我拍视频。

这一次我真的很生气，录了个视频发给了他的妈妈。这下他哭声更大了，一直抱着我的大腿，而且我走到哪里他就跟到哪里。我讲课，他就在讲台上抱着我的大腿，“哇哇”大哭，课也上不成了。

给同学们布置好作业，我就在旁边看着他哭。这时候劝说根本没有用，他的大脑被坏情绪占据着，根本听不见任何语言。

这孩子是怎么了呢？

没办法，我把他的家长请到了学校。家长说他以前在幼儿园也经常这样坐不住，还会在教室里乱逛，他们也很头疼。我让家长在家跟孩子好好沟通一下，来学校陪读几天，一起帮助张同学改掉坏习惯。

一年级是学生行为习惯养成的重要时期，为了孩子的成长，形成良好的班风，只能这么办啦。

仔细观察，其实张同学也想表现好，特别是在自己家长和同学面前，更想好好表现。他也特别喜欢帮助老师干一些事情，于是我就抓住他的这一特点，多让他干事情。比如发本子、擦黑板、捡垃圾、监督行为不好的同学等，让他意识到自己在班级中的重要性。

慢慢地，通过我们家校之间的共同努力，张同学有了很大的进步，习惯逐渐变好，于是我不再让他的家长陪同。

但他还是有点控制不住自己，我利用写表扬信和“班级优化大师”激励他，只要发现一点点优点、一点点进步都会放大，在班级里对他进行表扬、给他加分。慢慢地，张同学也有了自控力，课下喜欢去找老师聊天，看到有行为不规范的同学也会去提醒。而且每次夸奖他，奖励表扬信的时候，我们班的同学都会为他鼓掌，能看出来他心里特别高兴，而且有种要表现得更好的劲头。

教育是心心相印，教育是长善救失。善于抓住孩子的闪光点，哪怕是微小的进步也应该充分肯定，这一点至关重要。只有得到及时的肯定，学生才会从心理上有一种成就感，才会有继续努力的动力。

“入班办公”为我们提供了观察学生、了解学生、走进学生的机会。在今后与学生相处的过程中，我将会以更大的耐心陪伴他们，以爱为先，走进孩子的内心，助力他们健康快乐成长！

与爱同行　教学相长

李芸

时光流逝，岁月如歌，不知不觉中我已经在教育这片沃土中走过了快一年的时光。这里既有成功的喜悦，也有失败的遗憾，但我最大的感受，却是充实。

一、入班声明

班级管理是一项非常琐碎的工作，它需要教师的爱心、耐心与细心。入班办公开始，学生可能不习惯，他们感觉每时每刻都有一双眼睛在后面盯着他们，上课回答问题很拘谨，害怕自己答错题，等等。

针对这种情况，我先在自己的课上跟他们聊了聊，跟学生讲明："老师进入班级不是为了每天盯着你们，而是为了我们大家能够共同进步。老师入课堂，你们有事情可以随时跟老师沟通，开心的、不开心的都可以找老师聊聊，老师不只是传授知识，更重要的是想多了解你们，才能更好地理解你们。我想去了解你们的课下生活、你们的学习习惯、你们的优点与缺点，帮助你们克服缺点，发现自己的闪光点。”

跟同学们交流了之后，他们露出了一丝笑容，也许他们理解了我的用意。同时，我也积极主动向有经验的老教师请教，从哪些方面观察孩子，怎样与孩子沟通，掌握一些沟通技巧，不仅有效地促进了师生关系，也提高了自身课堂管理能力。

入班不久，我感觉班级里的方方面面都在悄悄发生着变化。

二、夸奖使人进步

我们班有一位女生，课上课下都非常喜欢说话，让我们三位老师非常头疼。

有一天我与她达成约定：只要她有好的表现，比如该说话的时候说话，不该说话的时候不说话，我就夸奖她。她答应了。也许是有了约定的原因吧，不只在“说话”这个事上，我还能在其他细微之处，看到她的亮点。

“你今天穿的衣服真好看。”

“你今天有认真在听课，太棒了。”

“这个题你也会，你太聪明了。”

……

我还没夸她几次，就发现她已经在一点点改变。她的行为习惯、听课习惯在悄无声息中发生着质的变化，她好像也慢慢地喜欢上我的课。我看到她的变化与进步，真的是打心眼里高兴。

我也与其他老师达成共识，多关注她，多鼓励她，同时也多关注、鼓励我们班的其他孩子。我在班里经常告诉同学们，不管以前怎么样，只要每天有进步，就是最棒的。

慢慢地，我好像比以前更了解我的学生了，发现了学生身上的很多优点，也看到了学生们的进步。

三、共同面对“早恋”

提起“早恋”这个词，相信大家都不陌生。我也没想到会发生在我们班学生身上。下课的时候，我经常看到我们班有个女生与一个男生走得很近，看到我时会跑开，好像怕我发现他们的“秘密”似的。我找到班里几个学生聊了聊，果然跟我想的一样。对于早恋怎么处理？由于孩子处于敏感期，我更要小心翼翼地处理。我怕自己处理不好，会对他们产生负面影响。我查阅了很多关于早恋的知识，比如形成原因、表现形式、影响危害、处置方式、经典案例等，然后找那两位同学“谈心”。

我说：“老师今天想问你们一个问题，你们知道什么是早恋吗？”

他们羞愧地低下了头，就像是做错事情的孩子一样，手不停地揉搓。

看到他们这样，应该陷得不深，就说：“别害怕，老师只是想跟你们谈一谈这个问题。”

然后，我又编织了一个“美丽的谎言”：“老师在你们这个年龄时，班里有一个小男孩，学习成绩优秀，会跳舞、踢足球，那时候的我觉得，他是天下最帅的男子。但是老师是非常平庸的一个人，学习一般，长得还有点那么不尽如人意，在班级里就是一个非常不起眼的女生。我觉得我们差距太大了，我

‘配不上’这个男孩。从那时开始，我就下定决心，我要好好努力读书，要变得优秀。我要把这份喜欢，化成我前进的动力。到现在我还是非常感谢那位男同学，是他成就了现在的我。同学之间有好感是正常的，但毕竟男女有别，不能走得太近，老师觉得你们可以把这份所谓的‘好感’放在心里，加油努力，好好学习。”

俩孩子几乎同时狠狠地点了点头。

另外，我也认识到问题的严重性，为了巩固教育成果，就分别联系了女孩家长和男孩家长。在我们的多方努力下，两个孩子走上了正轨。从孩子身上，我不仅学到了教学管理的智慧，同时也在不断反思自己管理上的一些问题，为以后的班级管理做好铺垫。

四、向优秀教师看齐

每个孩子有每个孩子的特点：有的学生很聪明，但是缺乏上进心；有的学生很努力，可学习方法和学习技巧有所欠缺；有的学生学习习惯不好，上课注意力不集中；有的学生性格大大咧咧，平时做题特别容易马虎，等等。作为一名班主任，我怎样才能把我的学生教育好呢？我想唯有学习这一条路。我迫切地想向优秀的教师学习，以提高自己的专业知识与素养。

入班办公以后，我便有机会在课堂上向各科老师学习了。我向语文老师学习了幽默，向数学老师学习了严谨，向英语老师学习了敬业与担当。我听得最多的是经验丰富的刘老师的课，刘老师也经常听我的课，一次次对我的课进行指导，让我的课堂变得更加高效。刘老师对每位孩子都非常有耐心，并且认真负责，每天只要是自己的课，一定会早早进入教室。我想成为像刘老师一样的人，对待学生既严格又有爱，对待工作兢兢业业。

随着班主任入班活动的开展，我看到了学生的进步，发现了学生身上的闪光点，也看到了不同学生的方方面面，我与同学们每天都在进步。相信我们的班级会变得越来越好，我们的学生会变得越来越棒！

“小小的进步”背后蕴藏的是“大大的智慧”。教育方法没有万能的金钥匙，班主任这份工作，是担当，是责任，更是希望。这条路任重而道远，应当以坚韧不拔之志去攻坚克难，找到师生共同进步之道。

每节课都是公开课

孙磊

"怎么办？怎么办？每节课都要多一位老师听课，自己该如何讲？"

"20多年的教龄，还是一名中层管理人员，要是课堂上还把握不好，那不是让别人看笑话吗？'青蓝工程'师傅的角色会不会岌岌可危？"

……

自从学校决定推行"入班办公"政策，我的心里就一直忐忑不安，常常这样犯嘀咕。与班主任展老师交流，她还说正好多听听我的课，跟我多学习，这一说不要紧，我更感觉"压力山大"了。

一、再回忆"公开课"首秀，我依然是心潮澎湃

班主任展老师入班后，我的第一节语文课，要学习第五单元第一课《宇宙的另一边》。第五单元是习作单元，主题

是“想象”。为了保证课堂效果，不至于在展老师面前丢了面子，我是下足了功夫，课前还特意请教了刚上完本课的李老师。

热心的李老师告诉我，她在课堂上告诉学生，本课就是天马行空的想象，引导学生去感受作者的想象世界，所有的事物可以反着来，理清作者想象世界的秘密，也试着用反着来的方法去展开大胆的想象，就算是完成了教学目标。

在我感到胸有成竹的时候，我踏进了课堂，展老师第一时间给了我一个温柔的微笑。所有的环节都按部就班，孩子们理出了反着来的想象思路，畅所欲言：在宇宙的这一边，鱼儿是在水里游，在宇宙的另一边，鱼儿会不会在天上飞；在宇宙的这一边，星星晚上出来，在宇宙的另一边，星星会不会在白天和太阳一起出来……

当孩子们争先恐后地说得热火朝天时，我悄悄瞄了一眼在教室后面正襟危坐的展老师，她正微笑着注视着刚刚回答完问题的孩子。我不禁想道：是这个回答太精彩了？还是这一课的内容引起了她的注意？原来天马行空的想象还能引起一名数学老师的关注。我在内心偷笑，还暗下决心，后面的课堂必须更精彩。

当读到宇宙的另一边的乘法时，我心里犯了难，作者是运用了怎样的奇思妙想，写出了这样精彩的内容：“早春二月”乘以“竹外桃花三两枝”，再乘以“春雨贵如油”，等于“春风又绿江南岸”，又等于“碧玉妆成一树高，万条垂下绿丝绦”，最后等于“儿童散学归来早，忙趁东风放纸鸢”。

要不要也让学生试着做一道乘法？是蜻蜓点水一带而过，还是大胆尝试？但试了不成功怎么办？会不会冷场？这时我又想起了展老师的那个微笑，能引发老师微笑的内容是不是孩子们也更喜欢？那就做！

我把教学思路灵机一变，首先引导孩子们再次朗读乘法这一段，交流发现：有的说课文的乘法是关于春天的；有的说乘法里用到了古诗；有的说用到了四字词语和谚语；还有的说用到了“等于”“还等于”“最后等于”这样的字眼……原来让我都有点头疼的段落，在同学们的交流声中变得清晰而充满了生趣。

“那我们也来做一个乘法，谁有好的想法？”我把问题抛给了孩子们。按小组分一下，四个小组做夏天的乘法，四个小组做秋天的乘法，另外四个小组做冬天的乘法。但很快大家就发现了问题，平时积累的夏天和秋天的古诗和名句太少了，不好完成。于是我提议，全班一起做一个关于冬天的乘法。

先从搜集好词、名句和古诗开始，怕孩子们说太多理不清，我就在黑板上板书大家交流的诗句中的第一个字。这个说，冬天“冰天雪地”，我在黑板上写了一个“冰”字；那个说，有一句谚语叫“瑞雪兆丰年”，我在黑板上写了一个“瑞”字；又陆续想到了“千山鸟飞绝，万径人踪灭”“爆竹声中一岁除，春风送暖入屠苏”“墙角数枝梅，凌寒独自开”，黑板上也多了“千”“墙”“爆”等字。我顺势引导，课文的乘法，最后等于“儿童放学归来早，忙趁东风放纸鸢”，充满了童趣，立刻就有学生说我们做的乘法最后必须得等于“爆竹声中一岁除，春风送暖入屠苏”，才是小朋友们最喜欢的。

好了，万事俱备，只欠东风。找了班里能言善辩的能本硕同学根据黑板提示来做乘法。他铿锵有力地说道："宇宙的另一边，乘法是这样的：'冰天雪地'乘以'瑞雪兆丰年'，等于'千山鸟飞绝，万径人踪灭'，又等于'墙角数枝梅，凌寒独自开'，最后等于'爆竹声中一岁除，春风送暖入屠苏'……"还没等能本硕说完，同学们就报以热烈的掌声，展老师又抬起头来，目光流转间充满了对能本硕的惊叹，充满了对语文课堂的赞许。

一节天马行空的想象文章品读课，因为有了班主任老师的微笑，变得更加灵动、更加深刻，让语文课堂更能直击心灵。我也深深地体会到：有了班主任的坐镇，语文课堂必须努力再用心一些，学生就会更走心一些，效果就会更称心一些。

二、把每一节课当成公开课来上

尝到了"公开课"首秀成功的丝丝香醇，我的课前准备就更用心了。

以往上课，我都是在集体备课的成果上，稍微熟悉一下课件，就敢进入课堂，有时稳扎稳打，有时灵光一现，很多时候，课堂效果倒是还算满意。

现在可不敢这样想了，每次新课前，必定再过一遍课件：课堂大情境设置是否合适、生字分类是否符合本课特点、哪个字音、字形需要重点强调、本课重点如何巧妙突破、需要引导批注哪些知识点……

为了"尊严"大旗不倒，我还在每次课前增加了一个新项目——学习微课。“网课”期间收藏的大量微课链接有了用武之地。好几次，睡觉前听着微课，闭眼想象第二天学生课堂上的反应，虽然有时听着听着就睡着了，但睡梦中课堂似乎还在继续。第二天早晨神清气爽、信心满满，课堂效果肯定也会超过预期。我爱人有时还会笑我：“你最近魔怔了，天天看微课，不知道的还以为你要参加国家级讲课比赛呢！”每当这时，我会微微一笑：不深入体会，怎知悄悄“内卷”的快乐？我不把每一节课当成公开课来上，怎么对得起天天在教室里耳濡目染的展老师？

三、我的课堂有了可喜的变化

一段时间的坚持，我的课堂有了可喜的变化。

课堂语言变得更严谨了。比如，看到上课乱动的孩子，照我以往的性格，我肯定说上一通：“大家看某某同学，上课乱做小动作，浪费大好时光，大家要向谁谁学习，整堂课坐得端端正正。”现在我会遵从内心的提醒：“表扬某某，坐姿端正。”这个某某，就是做小动作的那个同学的同桌，简单八个字，既表扬了优秀，又阻止了小动作。

课堂节奏变得更紧凑了。以前上课，遇到重要的知识点，我非得找尽可能多的同学重复几遍，感觉这样才能让更多学生记住，但是这样往往还有一个弊端，那就是一节课的目标需要一节半课或两节课才能完成，还常自我安慰，反正语文课多。现在的课堂上，内心仿佛一直有个声音提醒自己：“干脆点，干脆点，别啰嗦……”重点突破后重点强调，不会再有反复提问的无效环节，课堂变得更紧凑、更充实。

师生关系变得更和谐了。以前，遇到不认真听课的孩子，一次提醒，两次说教，三次就想大声训斥一番，普通话不赶趟时，干脆来句方言，反正是哪句话立竿见影，哪句话能让学生记忆深刻，就飙出哪一句。现在课上我时刻谨记，要和颜悦色，杜绝厉声呵斥。遇到捣乱的同学，以鼓励为主，课下再来个交流谈心。孩子们欢欣雀跃，更愿意亲近我了。上次阅读训练，用几个词形容一下文中的老师，我顺势让学生用几个词形容一下我：知识渊博、学富五车、和颜悦色、和蔼可亲、美丽大方、爱生如子……孩子们毫不吝啬地把那么多好词送给我的时候，一向坚持严师出高徒的我感动得“稀里哗啦”！

借着“入班办公”的东风，我收获了成功的喜悦，丰富了真实的课堂，愉悦了孩子的身心，让孩子们更加喜欢我的语文课，我也感受到了满满的职业幸福感。

我们一直在前进的道路上

杨慧

平邑实验小学教育集团在王善红校长的指引下，大力推行“入班办公”。开始我以为这只是班主任的工作，但真正经历之后，我发现“入班办公”不仅仅是班主任的事儿，我们任课教师也在无形中跟着成长。老师们越来越了解孩子的内心，发现孩子身上的闪光点，师生的关系也更加亲近了……

一、她的“监督”让我时刻警醒

班主任王老师初入班时，她在教室后边处理工作，我在前边讲台上课，我们互不打扰。可是有一天上课时，我读错了一个字，课下王老师找到我并指出了这个错误。当时我就尴尬地无地自容，就如同上学时写错字被老师发现一样。

自从这次的失误之后，每次上课前我都认真备课，课上打起万分精神。教室后方的王老师也成了我的老师，她的“监督”让我时刻警醒自己，每节课都像是公开课一样，认真准备，认真上课。课后有时我还会请教王老师，看我的课堂还有哪些不足之处，以便及时纠正错误与不足。就这样，课间十分钟，变成了我们的小型教研活动。

久而久之，在王老师的“监督”下，我的课堂纪律越来越好，课堂流程也越来越流畅，教姿教态也有所进步……入班办公，让我从刚开始的尴尬，发展到后来得心应手、游刃有余。显然，班主任王老师的存在不仅是在提醒孩子认真上课，也在无形中提醒着我。

入班办公不仅让我在教学上有所进步，在师生关系的处理上也是大有帮助。

二、课堂上，一个孩子突然放声大哭

记得刚进入教师队伍的时候，无论教学，还是管理，我完完全全是个新手。开学后的第一节课，课文正讲到重点之处，一个孩子突然放声大哭，我蒙了，其他孩子也蒙了。

我手忙脚乱地安抚孩子，想让他平静下来，可是刚入学的孩子和我们并不熟悉，我越是安抚他哭得越是大声。

我不知如何是好。

正在我手足无措的时候，在班里办公的王老师如“救星”一般，将大哭的孩子带到她的办公桌旁边。不一会儿的工夫，原本大哭的孩子迅速平静下来，回到座位上开始上课。

我震惊了，王老师用眼神示意我继续上课。就这样，在她的帮助下，这节课顺利完成。

课下我找到王老师，知道了事情的来龙去脉。

原来，课上这个孩子的牙齿掉了，但是他不敢打扰正在上课的老师，只好将掉落的牙齿含在嘴里。可是他一不小心将牙齿吞到了肚子里，他害怕牙齿吞到肚子里，“牙仙子”就不会实现他的愿望了。

说到这里，我忍不住笑了出来，孩子的世界是多么单纯啊！可是这个有趣又富有童心的想法，班主任是如何化解的呢？

王老师只用了一句诗：“落红不是无情物，化作春泥更护花。”王老师向他解释牙齿吞到肚子里是为了其他牙齿更好地成长。就这样，王老师守护孩子童心的同时也让孩子不再哭闹，我感激她，也很佩服她！

这个小“插曲”也让我认识到，了解孩子的童心有多么重要。

三、代理班主任的一天

如果说课堂的小“插曲”让我开始重视孩子的内心，那代理班主任才真正地开始让我成长。

周一一早我坐在教室的时候，内心是忐忑的、不安的、惶恐的。我甚至都不知道我该干什么，是认真备课、管理班级，还是协助任课教师处理突发问题？开始上课了，我被讲台上的老师所吸引。数学课上，老师将算式要点编成了小口诀，朗朗上口的同时，还能更好地帮助学生记住知识点；音乐课上，原本晦涩难懂的古诗词，变成了一首首优美动听的曲子，平时背诵吃力的孩子伴随着音乐，古诗脱口就来；美术课上，难懂的制作步骤靠几张简单的图画变得一目了然；科学课上，孩子们跟随老师在探索发现中学习了新知识，真正做到了自主、合作、探究……

一天的学习，让我吸取了其他任课教师的教学方法和课堂特点。从此之后，我的语文课堂不再是简单的文字游戏，我可以将数学的加减运算融入到汉字的教学中；晦涩难懂的古诗可以借助音乐变得简单易读，朗朗上口；难以理解的课文内容通过直观的图片展示，帮助孩子更好地梳理、总结；当然，我也把在科学课上学到的教学方法运用其中，将课堂交给孩子，让孩子成为课堂的主人，在自主探究中快乐学习……

通过教学方法的融合创新，我发现原来我的语文课堂也可以多姿多彩，富有生机和活力。孩子们上课的积极性也在不断提升，我也能更好地把握课堂节奏，教学方法也运用自如。

一天的体验不仅充实了我的课堂教学，也让我明白，原来课间十分钟可以这样丰富有趣，孩子们围在我的办公桌前，七嘴八舌地给我讲述各种问题……

有问问题的：“老师、老师，诗人李白为什么被称为‘诗仙’呢？”“老师、老师，李白还有其他的古诗吗？”“老师，我想了解更多唐朝的古诗。”

有让我“断案子”的：“老师，他走路故意撞到我！”“我不是故意的！”“你就是故意的！”

当然也有暖心的孩子：“老师，王老师今天怎么没来啊？她生病了吗？你替我向她问好。”“老师，我帮你接水吧！”“老师、老师，我把黑板擦干净了哦。”……就这样，你一言我一语，课间十分钟变得这么充实有趣。孩子们与我的距离也越来越近。现在我们的关系不仅是师生，更是要好的朋友。

在当代班班主任的一天，我还发现了许多同学身上的闪光点，上完课我正坐在后方休息，喝水时我不小心把水杯碰倒，水霎时洒了一地，我一时愣在了原地。一个同学及时发现了我这边的突发情况，迅速找到纸来帮我擦拭水渍，我还没有反应过来，桌面上的水渍就被她处理干净了。收拾完毕她还贴心地给我重新倒了一杯水。我被她的这个举动温暖到了。

其实这个孩子在平时上课中表现并不突出，这次突发情况让我发现了这个孩子的细心。一问其他同学，原来这个孩子平时就爱帮助人，同学遇到困难，她总是第一个挺身而出，只要是在她的能力范围内，她都会尽可能地帮助大家。

这个事情也让我明白，好孩子的标准不只是学习好，我们还要关注到孩子的其他方面，在教学中培养德、智、体、美、劳全面发展的新时代少年。

代班班主任的一天收获满满，通过听课，学习到了其他教师的优秀教学经验，将其他课程融入到了我的语文课堂。平常的课间十分钟变成了增进师生关系的有效途径。在一些细小的事情中，我也看到了孩子们身上的闪光点。

“入班办公”还在继续，一年级（2）班的故事也还会继续，我和孩子们的成长之路还很漫长，但我们会一直在前进的道路上……

人间向暖　未来可期

——我的“入班办公”故事

刘丕丽

为了践行新课标的核心素养目标，满足各方面教学需求，从本学期起，我们大胆尝试，推行班主任“入班办公”的管理模式，在教室后面为班主任设置了一方小天地。有了这方小天地，我除了上自己的课以外，其余时间基本都是在这里备课、改作业，同时观察学生在其他老师课堂上的表现。在这方小天地里，发生了或者正在发生的，都是一些值得让人思考的“小事情”。

一、你以后都在教室吗

“捧着一颗心来，不带半棵草去。”参教以来，我觉得自己对孩子们充满了爱，但实际行动起来又总是欠缺点什么。入班后，我发觉自己原来那颗浮躁的心慢慢地安静了下来。我可以有时间去观察孩子们的状态了，我所收到的孩子们的信息变成了我实际看到的、了解到的，而不是大家口中的“……”。

我班有名小男生，叫周恺，在哪科老师眼里都是比较出名的。出名在哪里呢？除了我所教的数学课，其他老师上课时他都是不听课的。有时离开座位，有时嘴里哼哼两句，老师说他，最多有个十秒钟就又开始了。以前别的老师跟我提过，我跟他聊了聊，他倒是答应得很好，但是课上依旧不怎么见效。其他几个学科的老师看见他就有点头疼。同学们对他也是意见很大，不愿意和他做朋友。

入班办公之后，他的小动作明显减少，比以前有了进步。所以当别的同学过来告诉我“老师，周恺课上又哼哼了”的时候，我又单独把周恺叫了过来。这次，我没有批评他，而是针对他最近的进步对他提出了表扬，比如不会离开座位、能举手回答老师的问题等。

他眨着大眼睛问我：“老师你说的是真的吗？我真的有进步吗？”

“当然是真的！并且，我相信以后你肯定做得更好。”我说。

这之后，有几次下了课，他就跑过来问我：“老师，我这节课表现怎么样？”

有时候他还会跑过来问我：“老师，你以后都在教室里吗？”

我没有直接回答，而是笑着问他：“你知道老师的希望是什么吗？是无论哪个老师在，你们都能一样认真地去听课学习。”

随着时间的推移，同学们对他也有了改观，他慢慢地融入了我们这个大家庭，其他任课老师的意见也少了。

二、我们教室里有班主任

对于学生来说，班主任时时刻刻和自己在一起，这样长时间的相处，由原来的偶尔见到现在的天天见、时时见，他们的小心灵里总是会有一些想法的。毕竟，在这个快节奏的社会，对于孩子来说，他们最缺少的就是陪伴吧。下课后，孩子们可以随时到老师办公桌旁边问个问题，说个不怎么好笑的笑话，还会把自己在家时有趣的事情告诉我。总之，每天都有着不重样的话题。特别是几个平时好动的孩子，下课后会自动把注意力放到我这里，从开始的怯生生到下了课就跑过来看我，从刚开始不说话，到后来家里大大小小的事情都想跟我说说。孩子们觉得班主任和他们一样，都是这个教室的主人。

在一次语文课上，语文老师让大家用“哪里有什么”来造句。有位同学大声地说出了：“我们的教室里有班主任。”在笑一笑的瞬间，我发觉在这样的状态下，我们师生之间的感情增进了，距离也拉近了，我跟孩子们组成了一个和睦的大家庭。我在办公桌上放了个小鱼缸，里面放了四条红色的小鱼。下课后，马上有同学发现了，纷纷过来跟小鱼聊天。

周恺过来问：“老师，它们叫什么名字？”

我开玩笑地跟他说：“它叫周恺，你瞧，它是里面最活泼的一条。”

这样下课后，孩子们又有了新的话题：

“周恺，你在上课吗？”

“周恺，饿了吗？”

“其他的几条我们也给取个名字吧。”

……

这样，新的成员也很快融入了我们的大家庭。

三、感觉自己又多了一个机会

入班办公后，感觉自己又多了一个机会。就是有机会去听其他老师的课，有机会汲取来自他们身上的精华。

语文老师喜欢课上针对中下游的同学展开提问，从而了解孩子们的掌握程度；书法老师每次上课前，总会给孩子们带来一个有趣的小故事，吸引孩子们快速进入他的课堂；科学老师利用身边的人、物、事让孩子们投入课堂；音乐老师的美妙歌喉、美术老师的深厚画功等都让我大开眼界。我趁此机会，好好汲取养分。同时我还发现，我们各科老师间见面机会多了，我们之间的关系也变得更加融洽，更利于班级里孩子们的全面成长。

我们班级里的“小事情”真的很多，每天都在静悄悄地发生着。作为一名班主任，通过这些小事情，我发现我对一些突发性的事件处理得更及时了；跟孩子们的近距离接触更是让我走进了孩子们的心里，让孩子更爱课堂，更爱学习；同时，也在无形当中引导孩子们慢慢建立起自我管理意识，更好地在课堂中展示自己。同时我还发现，这些小事情，仿佛一面面小镜子，让我看到了自己对教育的初心。

人间向暖，未来可期，“入班办公”让我在成长的道路上走得更加坚定！

入班办公点滴感悟

孙瑞彩

本学期，兴蒙学校全面推行教师“入班办公”管理模式。作为一名班主任、一名亲历者，我越来越多地思考：我将会教给学生什么？给学生留下什么？

一、以身作则，做学生喜欢的老师

我从自己的教学做起，坚持和学生一起练钢笔字、读课外书、背诵古诗，坚持开班会、让学生轮流当班长、安排问题学生做班级事务，坚持每周组织一次课外活动……这些做法很受学生欢迎。孩子们在我的班级愉快地享受学习和生活，健康快乐地成长。他们用写日记的方式记录下了自己的点滴快乐，我有时也喜欢拾笔写一写自己教学中的感悟，我们一起经历着快乐与成长。

刚入班办公时，我常常因为孩子们的错误对他们发脾气。慢慢地我意识到，我有什么理由这么做呢？自己一肚子气，除了伤脾伤胃，他们根本不买账。少数同学还是一如既往地违反纪律，甚至还有点沾沾自喜。我想：金无足赤，人无完人，每个孩子都是可爱的，虽然有的同学学习成绩差强人意，但他或许是体育战场上的佼佼者，又或者是劳动中的能手，谁又能说他不是个好孩子呢？那就做学生的良师益友吧！课下我经常握握孩子们的手，摸摸孩子们的头，或帮助他们整理衣服。从赞美着手，去发现他们身上的闪光点，所有的人都渴望得到别人的理解和尊重。所以，和孩子交谈时，要对他们的处境、想法表示深刻的理解和尊重，时间长了，老师的一言一行、一举一动就会让学生真切地感受到爱无处不在。我也真正体会到教师最大的幸福就是做学生喜欢的老师，与学生共同进步、共同成长。

二、培优扶差，做好结对帮扶

培优扶差是我入班办公工作的重头戏，对学困生我总是给予特殊的照顾。首先，课堂上多提问，多巡视，多辅导；而后，在课堂上对他们的闪光点给予大力的表扬，课后多找他们谈心、交流，让他们懂得老师没有把他们“看扁”，建立起他们的信心，激发他们的学习兴趣；最后，我组织班上的优秀生当学困生的辅导老师。

令我欣慰的是，孩子们表现得异常踊跃，我问他们为什么那么喜欢当辅导老师，他们说：“老师都对他们那么有信心，咱们同样有信心。”“我相信在我的辅导下，他们必定有很大的进步，全班同学的学习成绩就会更好了。”于是，我让他们建立了“四人一组”的帮扶小组，每组组建一个微信群，并选一名成绩优秀、责任心强的学生担任组长，并给他们开会，提出“老师”必须履行的职责，充分利用晚上和休息日时间检查“学生”的作业，辅导“学生”把持课本的基础常识和技能，让学困生依据各自的情况定出目标，让他们双方都朝着那个目标前进。“老师”们确实非常尽职尽责，而“学生”时刻有个“老师”在身旁督促指导，学起来也非常起劲。

经过两周的结对帮扶，孩子们在原来的基础上都有了不同程度的进步，效果非常明显。

三、培养干部，实行班长轮流负责制

入班办公的过程中，我还非常重视学生的思想教育工作。通过班会、晨会、思想品德教育及结合各科教材，对学生进行爱祖国、爱集体、爱劳动、爱学习等思想教育，使学生都能养成良好的班风、学风。因此，我把培养得力的班干部作为班主任工作的一项主要内容，在班内率先实行班长轮流负责制，这些班干部负责把班里的学习和纪律管好，为我减轻了负担。我为他们定出每天的工作目标，还不定时给他们开会，了解他们工作的情况。同时鼓励他们大胆创新开展工作，他们逐渐在同学中树立起威信，成为同学们学习的模范。

为把班级的常规工作做好，我每天都坚持早上七点前到教室，第一件事就是查看学生的早读情况，对学生进行晨会教育。经过一个学期的努力，我们班的各项常规工作，像早读、卫生、课堂纪律等都日趋规范、向好发展。

四、多元沟通，真正做到家校共育

入班办公，最让我满意的是与家长的沟通交流工作。

一学期以来，我主动与家长通过电话、微信、家访等方式进行密切联系，了解学生在家的学习与生活情形，也向家长汇报其子女在校的学习情况，争取与家长的教育思维达成一致。当家长对我的工作提出看法的时候我十分乐意接受，并且调换角色站在家长的角度去考虑问题。绝大部分家长对我是无比信任和尊敬的。我总是认真分析全班孩子的学习、兴趣、爱好和家庭状况，利用休息时间和家长沟通交流，根据孩子的不同情况给家长提出科学、合理的指导意见和建议，真正做到家校沟通、家校共育，共同把孩子培养成德、智、体、美、劳全面发展的社会主义建设者和接班人。

五、面向未来，做复合型教师

一学期的入班办公，让我开阔了眼界，更新了教育理念，提升了管理水平，收获颇丰，受益匪浅。作为教育工作者，我们要树立“活到老，学到老”的终身学习观，未来教育需要复合型的教师，而不再是“教书匠”。

教师要想从“教书匠”转为科研型、学者型教师，首先要树立终身学习的观念，给自己不断充电，消除职业倦怠。我们每天面对的是一群对知识充满渴求的孩子，把他们教育好是我们的责任和义务。如果教学理念不改革，教学方法不创新，个人素养不提高，管理方法不科学，是难以胜任教师这个职业的。这些都要求教师要不断学习提高，做创新型教师、研究型教师、引导型教师。

人生没有捷径，教学亦如此。作为一名教师，班级的管理不是一般的管理，而是基于一个教育者的管理。我们最终的追求是育好人，为“育人”而学习是教师的天职。我们应当不断学习新的教法，新的教育管理理念，让自己成为“源头活水”，更好地滋润学生渴求知识的心田。

总之，这次“入班办公”对我来说既是一次实践，也是一次锻炼，更是一次尝试，让我学到了很多，懂得了很多，也成长了很多。在今后的教育教学工作中，我将更加严格要求自己，努力学习，开拓创新，勤勉工作，勇于实践，为推动学校教育高质量发展做出自己应有的贡献。

班里来了位“新同学”

许树玲

这学期，平邑实小教育集团的每个教室里，都出现了一位“大龄”学生。他们没有和学生一样穿着统一的校服，却都坐在了教室后方的角落里。他们就是班里的“新同学”——实小集团的班主任们。

一、默默地倾听，安静地守护

班主任入班办公，在教室内设置一张办公桌，看似简单，作用可不小。它实现了老师与学生的近距离接触，有助于引导学生积极学习，陪伴学生健康成长，帮助学生养成良好的行为习惯、安全意识、合作能力、品德素养，更好地发挥教育引领作用。

我在自己的“根据地”上，默默地倾听，安静地守护着班内一朵朵小花，倾听着每一位科任老师满怀爱意的灌溉之声。这个过程中，我思考了很多，收获了很多，也成长了很多。

和学生坐在一起，静静地观察每一位同学的状态，能发现，从听课习惯到作业状态再到思维活跃度，同学之间差别很大。四年级（6）班整体班风活跃，从上午第一节课到下午最后一节课，每节课都精神饱满，大部分同学能积极融入课堂。但是总有几个“小安静”在自己的位置上“与世无争”，与整个氛围格格不入；也有一些同学，抢答过于迅速，缺乏思考，不给其他同学留机会；还有一些同学，不同课堂表现不同，喜欢的科目积极踊跃，弱势科目态度懒散。类似这些课堂问题，在班级办公的我可以第一时间沟通和处理，不会因为时间和距离的阻隔而滞后或遗忘。关注学生，让他们感受到温暖，增加学习信心，他们的学习状态也会越来越好。

二、以平等的心态去和学生交流

有一次在数学课堂上，数学老师正在讲解试卷。上课不到10分钟，Q同学就在翻来覆去摆弄卷子，数学老师提醒了一句，他稍有收敛。过了一会，我看他又在下面翻找着什么。我想，他一直翻来覆去地摆弄卷子，到底是为什么？

他刚好坐在最后一排，于是我悄悄地走到他身边，轻轻拍一下他的背，用温柔担忧的眼神看了看他，并悄悄地对他说：“是不是数学老师讲得不太精彩，能不能请你当一个小老师，这一题你帮老师为大家讲讲呢？”他急忙摇摇头，我看到数学老师刚讲的这几道题，他的试卷答案都对。于是我又轻声告诉他，如果觉得这些题已经全部掌握了，可以把试卷上的错题认真分析一下，写出错误原因，总结解题思路和方法，并为自己出一些同类型的题，再练习一下。

课后，我又找Q同学沟通，像朋友一样聊聊课堂上这样做是否正确，引导他认识到上课认真听讲的重要性。我又跟这位同学约法三章，定好奖惩措施，及时关注和鼓励他。

后来，我又召开了一次“课堂听讲好习惯”的主题班会，让学生讨论怎样听讲效果才最好，大家最喜欢的课堂是什么样子的，我们上课应该怎样做。同时，制定课堂听讲奖惩制度，及时表扬，榜样带动。

总之，我认为课堂上提倡教学民主非常重要，师生之间的“换位思考”是协调师生关系的关键。我们在教学时应该敞开心扉，以平等的心态去和学生交流，只有走进他们，深入其中，知其所想，给其所需，站在学生的角度设计他们喜闻乐见的教学方式，采取适合学生心理特点和接受能力的教学方法，才是学生最易接受的。“亲其师，信其道”，只有和学生建立良好的师生关系，才能让学生喜欢你，喜欢你的课堂。因此，由这个案例我又引发了另一个思考，如何建立良好的师生关系？我觉得可以从以下几个方面做：

1. 尊重学生、相信学生。教师要平等友好地对待学生。要由衷地信任学生，信任学生是一种特殊的尊重。

2. 互相交流，教学相长。在沟通中加深师生感情，建立良好关系。在教育学生的过程中，既要注重自己威信的建立，又要尊重学生的人格。

3. 心存大爱，宽容大度。教师要有一颗宽容的心。对犯错误的同学要有耐心与爱心，宽容大度会增添我们的人格魅力，拉近与学生的距离。

4. 热爱学生，理解学生。既要看到学生的优点，也要看到他们的缺点，既要把学生看成发展中的人，又要理解学生已形成的较稳定的一些心理特点和行为习惯。

三、达成“多学科融合”的育人目标

我在教学第三单元“轻叩诗歌的大门”时，引导学生用美丽的眼睛看世界，融入了书法、美术、音乐三个学科，培养学生健康的审美意识和正确的审美观念，从而达成“多学科融合”的育人目标。

我先带领学生通过反复诵读，了解现代诗歌的特点。从饱含情感、想象丰富、语言自由三个方面，形成“朗读评价量表”。在开展评价时，首先关注学习活动之间的横向联系以及各个学科实践活动之间的关联性。其次，设计评价任务，打通后面的书法课、美术课和音乐课各个学习任务群，创设具有关联性、结构性的整体学习评价。通过感受美、发现美、展现美逐步深入到实践活动中，让学生感受现代诗歌带来的语言美、想象美和情感美。紧接着，引导学生从课内走向课外，去大自然感受美，为下一节课的书法奠定了发现美的基础。本次跨学科活动中，整个大单元评价任务的设计是要时刻关注、评价学生能运用所学的知识、能力做什么。接着让学生收集整理自己喜欢的现代诗，为达成“学科融合”这一育人目标做好坚实铺垫。

学生在书法课中，欣赏到了诗歌书写的行款美，通过展现自己的书法作品与教师、同学互动，提升表现美的意识和能力，使“多学科融合”这一育人目标更进一步。

学生来到美术课堂，通过欣赏各种构图方法，或从网上选取图片，或自己构图，深入了解诗歌与图画的和谐搭配，更好地表现现代诗的意境，充分地表现美。

学生接着步入音乐课堂，通过聆听音乐，从网上选取适合现代诗意境的乐曲进行搭配，再相互评价，提升审美能力，更准确地表现美。

最后再让学生回到我的语文课，引导学生兴趣盎然地展示自己的成果。整理成册的现代诗集缤纷呈现，一首首充满情感和美感的配乐诗朗诵既愉悦身心又陶冶情操，达成“多学科融合”这一育人目标。

“新同学”的出现，也成了学生们茶余饭后讨论的热点，时常听到孩子们在课下谈论到：

“感觉班主任进班以后，我上课的注意力更集中了，课下问老师问题也更加方便了，和老师间的距离也缩短了。”

“更想在课堂上表现自己，回答问题也比以前积极了。”

未来，我会加倍珍惜和学生在一起的时光，同他们一起成长。工作中，我会多向领导和同事请教，让自己的每一天都过得值得，让自己的教学生涯每一步都走得踏实而稳健！

“三变”课堂记

范琦

在我们班教室的东南角，多了一张不同寻常的办公桌，桌面上安放着一台电脑，旁边整齐地摆放着学生的作业本、老师的课本。更特别的是，这张办公桌的主人比学生来得早、走得晚，每天都和学生一起上课，连课间也和学生在一起。这位特殊的老师就是我们班的班主任陈老师。

自从有了这张办公桌，陈老师每天都在教室里办公。而我上每一节课时，陈老师都会和我一起在教室里。没想到，陈老师的入班办公把我的课堂教学水平向前推了一把。

一、讲给评委的展示课

记得刚入班办公时，知道自己上课有位老师在教室后面坐着，我一下子想到了——听评课。我可不能讲差了，讲差了会丢人的。我不由得特别紧张，于是更加用心备课，打起十二分的精神，像准备参加市级讲课比赛一样，再次温习从去年暑假到本学期，由市级到县级的各种培训笔记。唯恐课上体现的教学观念落后了，就一次又一次地仔细研读《教师教学用书》，精心设计教案，并请教了教研组长王老师如何上成精品课。

我请教王老师怎样教学《传统节日》一课，她指导我：为了让学生学得轻松高效，提升学科素养，可以使用表格教学法，突出重点。我自以为备课很充分了，就自信满满地去上课。课堂上，我既想让学生的表现出彩，又想上课如行云流水般自然流畅，上成精品课，展示给陈老师看。结果，当有的学生回答问题卡壳时，当有的学生思维不在线时，我的心还是“咯噔”一下，也跟着卡顿了。突然我觉得不好意思面对陈老师了，浑身不自在，此刻真后悔自己这些年的课堂教学没有好好锤炼，不能像窦桂梅老师、于永正老师等名家一样，讲课磅礴大气、扎实稳重，自然而然地沉浸在课堂上、沉浸在学生心田里。遗憾地上完课，我垂头丧气地逃回了办公室。

二、讲给学生的常态课

课后，我陷入了反思：面对入班办公老师的跟课，我该如何对待，怎样才能上好课，怎样才能做到不紧张？我发现自己把陈老师放错位了，把他当成了评委，我也把自己的常态课当成了比赛课，太在乎陈老师对我讲课的印象，所以紧张极了。于是我的心也就沉不下来，课上太浮躁，表演的成分多了些，故而课堂上出现一点点意外，都会让我慌乱。接下来一节节的语文课，我该怎样和陈老师同在教室里上课呢？我想，我既要像上精品课一样好好备课，也要保持上常态课的心，不怕陈老师笑话我的一些笨拙的表现，不怕暴露自己上课时出现的问题，有不足再改进嘛。不去刻意地展示课堂多么精彩，只要上出语文课特色就行，只要沉下心来走进学生心里，让学生扎扎实实学习就行。于是，在接下来的课中，我不断改进。渐渐地，我上课变得心无旁骛，不去关注陈老师了，把心都放到了每位学生身上。

记得一节语文课上，我引领学生读“羿射九日”这个短语，我问学生这个短语写的是谁，学生说是“羿”。我说：“那就用自己的方式强调‘羿’这个字来读短语吧。”学生读得特别好。我再用夸张的语调引导学生由现在天上只有一个太阳想到文中写的那九个太阳，在他们产生惊奇、疑惑之感时，引导着学生通过上扬的语调，强调“九”字读出重音，感受神奇的太阳。而且，我根据学生的朗读情况再示范、引导，引领学生眼望窗外天上美丽的一轮太阳，神往书中写的那九个太阳，就读出了“九”字的神奇。接着，又引导学生从“九”这个数字与“一”对比，体会到数量之多，因而把“九”字读得缓慢而长。而读“射”这个动词时，又要读得坚定有力，语调要降下来，这个“射”字要加重语气来读，表现羿的决心之大。就这样，一步步地，在我的引导下，学生入情入境地读懂了课文，读出了感情，感受到了文字的力量。同时，让学生在朗读中悟出羿为民除害、不怕艰难险阻的勇敢精神，感受羿英勇无畏的形象，也感受到神话的力量，从而激起同学们读《盘古开天辟地》《夸父逐日》等神话的兴致。

我认为整堂课效果极好，学生的心沉浸在课堂上，流连在文境中，或气愤于十个太阳一起当空照给人类带来的灾难，或喜悦于大地重现勃勃生机的景象。下了课，我及时地走向陈老师，认真听取他的意见，以便于改进课堂。陈老师也感叹自己从语文课上学到了如何指导学生读应用题，读出关键词，读懂题意。陈老师还谈到朱明明同学在语文课上发言比数学课上积极，发现马燕燕同学居然在语文课上能当小老师……我俩聊着同学们在不同课上的不同特点与活力。下了课，学生们也围在我和陈老师身旁叽叽喳喳，不停地说着课上的见闻，像极了快乐的小鸟。有时聊着聊着，我都忘记了回办公室。

课后，我又反思课上的成功与不足，我对“入班办公”的认识更全面了，对陈老师的角色把握也更准确了，明白了“入班办公”实际上是为了全体学生的全面发展，是为了让学生敞开心扉、放飞心灵、健康地成长，落实立德树人的根本任务。班主任陈老师入班办公主要是和各科老师共同对学生进行德、智、体、美、劳教育，共同关爱学生，共同来提高学生各学科核心素养的，不是来听评课的。我不仅要认真备课，扎扎实实上好每节语文课，还要善于发现每一位学生的点滴变化，争取把课上得再艺术些，展现语文的独特魅力，提升学生的语文素养。

三、师生同构的生成课

自从我摆正了心态，在上课时，尽管陈老师在教室办公，我也不紧张了，并且和陈老师共同发现每一位学生课上的生动表现，自然地与每一位学生交心，关注每一位学生的细微变化。

识字、写字教学是低年级语文教学的重点，我在课上运用儿歌的教学方法，充分发挥学生的观察力、想象力，培养学生的自主学习能力。

记得一节语文课上，学习“奶奶”的“奶”这个字，有的学生把“奶”写成“奶”。我想，这次我要让学生自己想办法来记住“奶”这个字形。我让学生观察、思考、想办法。同学们有的瞪大了眼睛，有的皱眉，有的歪着头……忽然一位学生说：“奶奶没有尾巴，不是狼外婆。”顿时，学生笑得前仰后合，我也笑出了眼泪，哪里还有什么紧张和担心。陈老师也惊异于学生们课上的精彩表现，高兴地笑了。下了课，学生们仍意犹未尽。我也和学生们一起欢欢喜喜地说呀、笑啊，和陈老师一起享受这些学生创造的生动课堂。

从展示课、常态课到生成课的转变，完全得益于班主任“入班办公”策略的实行、“入班办公”思想的落实落地。它让我变得自律，锻炼了我的心理素质，培养了我大气的台风，使我能大胆而从容地在同事面前上好每一节课。

现在的我每每踏进教室，就能一下子沉下心来，与陈老师和孩子们一起享受课堂，享受快乐成长的美好时光！

深耕一方土，静待花满园

张志英

时间就像年轮，一圈一圈，镌刻着我的教育生涯，也记录着我的教育故事。

一、My best friend

自从入班办公以来，每次到六班办公时，我的桌子上总会出现一些小纸条或一些小玩意儿。于是，我也在我办公桌上贴了一张纸条：哪位宝贝给我留下的这些东西呢？可以留下你的名字吗？过了几天，一张纸条又出现了，上面留下了卜同学的名字。原来这些玩意都是她悄悄放上去的。卜同学可是一个很特别的女孩，各方面都不像十一二岁的孩子：她做事拖拉，爱捣乱，自理能力差，桌面、地面乱七八糟，是令老师们十分头疼的孩子。

后来每一次犯了错，小纸条都会出现，她会给老师道歉，并且表表决心，诸如：老师，我保证下次不再犯错；我保证把桌面整理好，等等……她让我刮目相看的是在一次英语作文训练上。训练要求写一个自己的好朋友“My best friend”。每个孩子都在奋笔疾书，她却悄悄走到我身边对我说：“老师，我在学校只有你一个朋友，我能写你吗？”当时正在忙碌的我根本无心理她，随便两句话便打发了她。

第二天，再次入班办公时，我又看到了办公桌上的小纸条，是她写的英语作文，其中有这样两句：“My English teacher is my only best friend，she is kind and beautiful, I love her more than my mother……”看到这样的言语，想到那个平日里大大咧咧的她，我的心被触动了，再想到那天英语作文课上我的冷漠和她的沮丧，我感到无比愧疚。于是，我把她的作文打印了出来，并在旁边写了一句：“She is a lovely girl, she is my best friend, too.Do you want to be her friend?”作文被贴出来的那一刻，我看到了她脸上泛起的红晕，也看到了同学们眼中的羡慕和思索，那天的她听课格外认真。也许明天、后天她还会犯错，但是我相信，在她的心里会多一缕明媚的阳光。也许我们每个人的班里都会有这样独守着寂寞的孩子，那就让我们走近他，在他被排挤的时候牵起他的小手；在他独自行走的路上陪他走一走；在他迷茫的时候给予拥抱或等候。我想，班级的温暖便会再多一些，而这样的孩子也会更少一些！

二、请你原谅老师

“你以为我不想学好吗？你以为我想让父母和老师操心吗？你以为我想这样过吗？”这就是我们五班的“头号捣乱分

子”徐同学的心声。那一天，犯错的他面对我劈头盖脸的批评，歇斯底里地吼出了这一席话。

他是我付出最多、费神最多的孩子，自然对他的期望值就越大，一旦做不好我就更为生气。长久以来，家长和我都报以无奈，却从没有放弃，而他也仍是一如既往。所以，我们真的以为他就是个不懂事的孩子！当他吼出这一席话的时候，我没有生气，也没有觉得他触犯了我作为老师的威严，相反，我觉得很欣慰。

这是一个在家长、老师眼中叛逆、调皮的孩子的心声啊！如果不是面对自己的缺点很无助，他又怎会如此失态？同时，这又是多少我们眼中的调皮学生的心声呢？从此，我开始更多地关注学困生的内心世界，尝试分析每个学困生或调皮学生会如此的原因，并试着改变自己的态度，寻找最佳解决方案。我坚信每一位学生都有自己的闪光点，要允许学生有差异，并给予耐心指导，力争做到“让每一片绿叶充分享受到阳光，让每一个孩子都能茁壮成长”。

一个鼓励的微笑，一下肩背上善意的轻拍，一次心与心的谈话，都能让学生感受到老师的信任和关爱。于是，课间空，我就借入班办公的方便之机，和学生们进行敞开心扉的谈话。从他们口中，我得知娃娃们都认为我不喜欢某个成绩不好的同学。从我内心来说，除了因担忧他的学习所表现出来的急躁外，完全没有丝毫讨厌的意思，给孩子们造成这样的误会，肯定是我平时没有注意到孩子的感受。别的学生都看出来了，更何况是那个孩子自己呢？这“如同珍宝”的收获得归功于“入班办公”。

第二天英语课，我趁机对孩子们说出了我内心的自白：“今天老师想说，某同学。”听到他的名字，孩子们顿时眼睛亮起来，也许以为我会批评他，说他不好。截然相反的是，我对他说：“虽然老师时常批评你，但是在我眼中，你一直是个贴心的小孩，我忘不了前两天老师感冒时，你听到老师沙哑的声音悄悄递过来的润喉片。我知道，不敢正眼看老师的你其实很关心老师，可老师脾气不好，时常会因为担心你的学习而批评你，请你原谅老师！”当时，全班安静极了，目光都投向他，接着便是雷鸣般的掌声，这掌声是给我的，更多是给他的！

也许我们会喜欢聪明好学、成绩优秀、遵守纪律的学生，反之，后进生便成为我们经常批评的对象。但其实不管是眉眼含笑地表扬，抑或是声嘶力竭地训斥，一切，都源于师者之心，可学生却不一定能接受。所以，让我们蹲下身子去欣赏，从细节里去发掘，哪怕是一小个闪光点被老师看见，也会变成孩子进步的动力。被倾听、被需要的情感满足，不是更能引起他们的共鸣，获得他们的信任吗？

平等，是要真正融进学生中去的！我们教孩子“三人行，必有我师焉”。要求自己，亦要如此！

三、我们的约定

有一阵，我们班的状况不太好，卫生、纪律、学习都有所懈怠。那天，全班糟糕的英语作业便成了我勃然大怒的导火线，顺带将连日来的愤怒一起融进了我“高八度”的嗓音中。顿时全班鸦雀无声，无意中，我看到班长脸上充满了愤怒。下课后，他监管同学们做眼保健操，他更是半天不动，情况很反常。盛怒之下，我让他站了10分钟。等他静下心来，他讲述的理由却让我无言以对。他说他很不喜欢老师这样的批评，难道部分同学的糟糕作业就要成为全班被批评的理由吗？这让认真完成的同学也很无奈！接下来是一小时的促膝长谈，最后我们约定，老师要发火的时候，班长要用他特有的方式提醒我！

我想，我会永远记住这个孩子的提醒。陶行知说过："你的教鞭下有瓦特，你的冷眼里有牛顿，你的讥笑中有爱迪生。"作为一名老师，在教育、教学上难免会出错，这其实也是一种自我提醒，教会学生坦然面对错误，同时也能拉近师生间的距离。

自入班办公以来，我跟学生们一起走过的路，蜿蜒曲折，起起伏伏，却让我看到了以爱滋养的花朵在绽放，听到了倾心浇灌的生命在拔节，感受到了共同成长的我们在全力以赴，奔向下一场遇见。

我坚信，我会在教育这方平凡而神圣的舞台上努力追寻，会在教育这块责任田里辛勤耕耘，默默地奉献，静待花开满园！

第四章 家校共育

相得益彰的组合教育

家校同心聚力，共筑学子未来。入班办公发现的点滴，筑建家校共育合作的路基。师为先锋当出力，家为后盾添底气，二者齐心合为一，只盼学子争朝夕！

关爱随行　助人达己

陈欣

开学后不久，为更好地促进班级管理及各项教学工作的顺利开展，学校推出了班主任“入班办公”的举措。简单地说，就是将班主任的办公地点搬到教室，班主任在教室内办公，和学生同处一个教室，零距离接触学生。入班后，发现了很多从未发现的“秘密”，发生了很多感人至深的故事。

一、闷闷不乐的小跃

在每天的观察中，我注意到小跃这个学期和上个学期有点不同。从这个学期开始，他上课时从不主动回答问题，下课也闷闷不乐，也不和同学在一起玩。哪怕是音乐、美术、围棋课，他也是一副无精打采的样子，有着这个年龄的孩子不该有的沉闷，不知道他的小脑袋里在想什么。

我开始重点观察他上课时的学习状态，下课后也时不时喊他过来，有一搭没一搭地和他说说话。一开始小跃还有点不好意思和我说话，可是慢慢地也就敞开了心扉。我也通过这零零碎碎的谈话了解到他家里的情况。据小跃说，他的爸爸身体很不好，经常去医院。他妈妈本来工作就很忙，还要忙着照顾他的爸爸，以至于经常他早晨还没睡醒父母就出门了，晚上睡着了家长才回来，连着好几天都见不到爸爸和妈妈，也更没有父母陪伴他写作业玩游戏，只有年迈的奶奶陪着他。

为了让他活跃起来，我决定用点办法。

一次下课后，我把他喊过来，故作神秘地说："小跃，我和你做个约定。"

小跃疑惑地说："什么约定啊，老师？"

"我决定从今天开始奖励你，你每次回答正确一道问题，我就给你一个小奖章，集齐十个小奖章，我就满足你一个小愿望。"

"真的吗，老师？"小跃眼里开始闪光。

"当然是真的，不过你的愿望别太大，太大老师有可能给你实现不了哦。这是我们两个人的秘密，别告诉其他同学哦。"

"那肯定的，从什么时候开始，老师？"他马上有点跃跃欲试了。

"那就从下节课开始吧！"

"好来！"还没说完，他就高兴地跑走了。

我原以为他以前不愿回答问题可能也有不会的原因，现在才发现他还挺机灵的，特别是数学题，老师一点就透，每次都争着举手，喊着让老师提问他，没点到名还有点小失望。

表现积极的小跃很快就集齐了十个小奖章，下课铃声刚响就跑到我身边，小声说："老师，我够十个小奖章了，我的小愿望可以提了吗？"

"当然可以了。"

"那我想让我妈妈星期天陪我一天。"小跃略显犹豫地说，我知道他犹豫是因为他也不确定他妈妈有没有时间陪他。

"我答应你，我一会儿就给你妈妈打电话，安排。"

"好的，谢谢老师。"他又跑走了。

我给他妈妈打电话说明了情况，电话那头的声音有点迟疑和无奈："老师，谢谢你，说实话我也知道已经很长时间没和孩子一块玩了，今天我必须实现孩子这个愿望。谢谢你，老师。"

"不用谢，希望一切都好起来。"

实现愿望的小跃，表现得更活跃了，在课堂上回答问题时都要"抢答"了。

一天下课时，他悄悄地走到我身边，说要请我吃棒棒糖，还给我带来了一个好消息：他爸爸的病开始稳定了，妈妈不用天天来回两头跑了，也有时间陪他了。真好，希望他遇到更多的美好。

现在，由于他的积极表现，不光学习状态比以前强多了，下课他也和同学们积极互动了，还成为了我们班的图书管理员。每天看到他认真"工作"的样子，我都感到非常欣慰，这才是他这个年龄应该有的样子。这是我入班办公以来，觉得做得最有成就感的事情。

二、不回答问题的小雅

后来，我发现了班里另一个小女孩，我们叫她“小雅”吧。她看起来文文弱弱的，留着两个小辫儿，一看就属于在家里很听话，很乖的孩子；她两只眼睛大大的，显得很精神，在课下和同学们玩得很好，属于活泼的一类。但是，她在上语文课的时候基本不主动举手回答问题，我有时特意点她名，可是她却连站也不站，也不说话。

起初我以为是我的问题太难了，于是换个简单的问题，她还是那样坐在座位上不说话，就直直地看着我，搞得我都有点无奈，只能换别的同学来回答。她依旧很平静地坐在那里，就像什么都没发生一样，和她课下的表现简直是天壤之别。我甚至想，她不会也和小跃一样有特殊情况吧，我特意和她家长确认了一下，她家庭很正常，爸爸妈妈身体都很健康，每天正常上下班，也有时间陪她，在家里小雅和他哥哥也有说有笑。我和她的家长说了情况以后，家长也显得有些疑惑。据家长说，她在幼儿园里也这样，幼儿园老师也和家长反映过，实在没找到原因，后来就算了。

我感到非常好奇，到底因为什么呢？我特意在每位老师的课堂上都仔细观察她。有几次，她偷偷打算举手，但当老师看向她时，她却悄悄地把手放下了。在我的课上也有这种情况，这就让我更加好奇了。

于是，我打算从课下和她聊天开始做突破口。一开始她还是老样子，不管你问她什么，她都是用沉默回答你。看来这条路走不通，于是我就找到平时和她关系好的一个同学，让她来

"迂回式"地找下答案。在试了好几次以后，终于有了结果。小雅告诉同学说是害怕回答问题回答错了，老师罚她。因为在幼儿园里回答问题回答错了被老师无意批评过，于是就养成了这种心理，宁愿不说话，也不回答问题。

问题根源找到了，我也有了策略。我打算重新激起她的自信心。于是，我经常在下课时找借口和她接近："小雅，我忘拿课本了，你去帮我拿下课本。""小雅，我的杯子忘到别的班了，你去帮我拿下。""小雅，帮我把小文同学喊过来，我有事情找她……"

通过完成这些小"任务"，她慢慢和我熟悉了，从开始的一个字、两个字，到后来和我的话多了起来，但是课上还是照样不回答问题。

有一天，她给我送课本时，我故作神秘地跟她说："如果今天我在课上提问你，你回答上来问题的话，我就给你一个神秘礼物。"小雅不相信地看着我走开了。我在上课时特意问了她一个简单的问题，也告诉她如果不想站也可以坐着回答。她听到后眼神显得有点吃惊，但过了几秒钟下定决心站了起来，这也是她的一大突破。小雅用稍显紧张的语调回答了问题，我紧接着和其他同学做了一个手势，那是我和他们商量好的，只要小雅回答了问题，我们就一起给她热烈的掌声。在掌声中，她坐下了，从她的眼睛里，我看到了眼神的变化，变成了闪闪发亮的样子。

我也和其他科任老师沟通了，上课时尽量给她表现一下的机会。没过多长时间，她简直判若两人，现在的她简直闪闪发光。小雅凭借自己的表现，成了他们学习小组的组长，开始帮助其他同学了。

两个小小的故事，两个同学大大的改变，都是在入班办公时发现、发生的。“入班办公”确实给了我这个班主任好好观察孩子的时间和机会，让我了解到他们在别的课上的表现，从而能更立体、更全面地了解学生，帮助学生，在这个过程中也丰盈了自己。

教学相长，关爱随行；发现发生，助人达己。舞台已经搭起，演员已经就位，“入班办公”故事的大幕已经拉开，我与孩子们的连续剧会次第上演，下集必也精彩，敬请诸位期待。

追光而遇　沐光而行

李艳

魏书生说："我的舞台就是教室，一走进教室我精神头就来了，我喜欢驾驭课堂和学生交流知识，我偏爱教书就像别人偏爱打麻将一样。"作为一名教育工作者，"追光而遇，沐光而行"一直是我所坚持的，在追逐希望的过程中相遇，一起享受阳光的照耀前行。正如"入班办公"，一切都是刚刚好，定然会擦出无尽的火花。

一、绰号事件：让学生学会自尊与尊重别人

我刚在别的班级下英语课，还没走出门口，就有学生追了过来，慌慌张张地说：

"李老师，李老师，打架了，打架了！"

"谁打架了？"我着急地问。最烦听到这种事情。

"小徐和小蒋打起来了！"

听完这话，我立马返身回了教室。

刚进门，定睛一看，好家伙，两个人已经斗鸡似的掐在了一起，并且还是在讲台上。

“大胆了！”我的火气“蹭蹭”就上来了。“你们两个干吗呢？赶紧给我松开！”

听到这话，两个人竟然还是死死地攥着对方的衣领，没有任何妥协的迹象，尤其是小徐，脸都气得变了颜色，眼里像要喷出火来。看他们这架势，说肯定不管用了，只能我亲自“动手”了。我边嚷着“都快松开”，边用手拉他们两个。别看他们两个都是精瘦型，想要轻易地分开他们还真不容易。还好，在几个同学的帮助下，这个“斗鸡”姿势解除了。

“你们两个为什么打架？”我生气地问。

只见小徐“哇”的一声哭了起来，边哭边指着小蒋愤怒地说：“都是他，都是他，他骂我！”

我一看小蒋，没有任何表情，一脸蒙的样子。这时我才惊觉，从头到尾小蒋没说一句话，没有任何情绪在脸上，看来这事应该是他的错了。

“小蒋，你来说说怎么回事！”

“老师，我喊了一句他的绰号，平常我们都是这样喊的，他都没事，不知道这次为什么生气。”

小样，还挺无辜。

“喊的什么？”我又问。

“他喊我‘骷髅架子’，我不喜欢他们这样喊我！”小徐哭着插嘴道。

哦，我明白了，小徐这孩子又黑又瘦，学生们是拿他的外貌特点开玩笑。肯定是小徐平时听到这些话已经攒了一肚子火，今天的这个“导火线”把他给点燃了，怪不得小蒋还一脸的不可置信。

我按下心中所有的情绪，安抚了一下小徐并让他回了座位。我把小蒋拉到一边，耐心地说：“小蒋，给同学起绰号对不对？”

“不对。”

“如果别人因为你的劣势给你起绰号，拿你开玩笑，你会怎么样？”

他不好意思地说：“我可能也会生气。”

“就是，谁都不愿意别人老是喊自己的绰号，这会让人感到自己没受到别人的尊重。接下来你该怎么做？”

“老师，我错了，我们俩一直是好朋友，还以为他不会生气，是我太过分了，我给小徐道歉。”

“嗯，知道你们都是好孩子。去吧，诚恳点！”

事后，我和小蒋聊了一下，问他道歉的结果。他告诉我，他已经诚恳地向小徐说了对不起，并且保证以后不再喊他绰号。我又一脸期待地问他小徐的反应，他笑着说已经没事了，气消了，他们又成好朋友了。看看，这就是孩子们之间的感情，哪有什么隔夜仇啊！多年以后，大家都各奔东西，这件事可能也会留在记忆中吧！

到了下午语文课，我又想起“绰号”事件。趁他们正誊抄作文，我又开始给他们灌输起了“心灵鸡汤”：

“同学们，大家都知道一句话，‘尊重别人，别人才会尊重你’。同学们在一起的时间比和你们的父母在一起的时间还要长，你们是同学，也是班级这个大家庭里的兄弟姐妹，相亲相爱才是正道。”

他们内心都很清楚我是在说起绰号的事情，希望他们多多少少能听进去我的“长篇大论”，在今后的相处中严于律己，做个有道德底线的人。

二、零食事件：借力发力，坚信教育的强大力量

美术课上，离我最近的班长小孙悄悄给我说，小赵带了好几百块钱，并买了很多零食。

我一听，这还了得！这么多钱是父母给的还是偷的？学校天天强调不让带零食，还有专人检查，三令五申还是不听，这是想挨揍啊！我让小孙好好听课，下课再说。

随后，我用“火眼金睛”盯着小赵，果不其然，他的手在桌洞里一直不安分，像是在找东西，随即他转头偷偷地看我，我立马装作不在意地看向前面。他又看了一眼美术老师，美术老师在作画，他就以迅雷不及掩耳之势往嘴里塞了个东西，呦，偷吃零食呢！我告诉自己，要稳住，淡定，不要生气，下了课再收拾这小子！

终于下课了，等得我望眼欲穿。就在我想大声训斥小赵时，突然想到四年级时我和他的那场“较量”。记得那时我刚接手这个班，学生的学习习惯、成绩一塌糊涂。经过一个月的努力，班级开始步入正轨。唯有小赵，作业不写，上课不听，还多动。我多次联系他的家长，终于发现问题所在。

他是家里最小的孩子，受尽宠爱。他妈妈在乡镇医院上班，工作很忙，根本顾不上他，中午、下午放学后他都在托管，作业也无人问津。针对他的情况，我多次和他沟通，有批评，也有鼓励，对他的家长也提出了要求：如果妈妈顾不上，爸爸晚上就要严格督促他。

过了一段时间，效果很显著，作业能按时交了，也愿意主动找我说话了。四年级的后半段总算是在他一点点的进步中过完了。

令我没想到的是，大了一岁的他又开始犯错了。看来最近我和他的家长没有多交流，他放松警惕了。

鉴于不能太过放大这件事，我把小赵叫了出来。

我说："听说你带了不少钱？"

他回答没有。

不承认没关系，我用严厉的目光看着他，说："我不喜欢撒谎的人，说实话一切才有挽回的余地。"

他一看我这样，嗫嚅着说："我带了四百块钱，但都是我的压岁钱。"

"你妈妈知道吗？她让你拿的吗？"

"她知道，让我买东西的。"

"买什么东西需要这么多钱？"他支支吾吾地答不上来。

可见他妈妈并不知道他带了那么多钱来学校。

"买零食了是吧？还剩多少钱？"当我说破这件事时，他立马脸如死灰，知道抵赖不过去了，就一五一十地交代了个清楚。

买了饮料、辣条等一堆垃圾食品，花了二十多块。

还好，大钱还在。

按我的脾气，真想骂他一顿，但转念一想，小孩子嘛，都爱吃零食，他父母最近肯定没大管他，托管的饭可能也有不爱吃的，想想他也挺可怜的，给个机会吧。

我让他把剩下的零食都处理掉，钱放好，回家交给父母。看到我没批评他，他露出不敢相信的表情。

我微微一笑，说："回去吧，以后不要再犯这种错误了。"

脸通红、眼泛泪光的他低着头走进了教室。

随后，我给他妈妈打了个电话，庆幸的是他妈妈知道拿钱的事，让他买学习用品，只不过没想到他拿了那么多，还买了垃圾食品。他妈妈反思了半天，埋怨自己顾不上孩子，他爸爸不够细心，说回家好好教育小赵。

唉，父母的陪伴和教育对孩子来说多么重要啊！

之后的几天，我一直在留意小赵，也交代让班长小孙处处留心观察。每次看到我的眼神，他总是不好意思地低下头，逃避我的视线。

好，内心有愧疚，知错能改，还是好孩子。

周一班会课上，我给同学们放了几个有关于垃圾食品的危害和警察捣毁垃圾食品生产窝点的视频，学生们看的是一脸震惊。

再看小赵，惊得嘴巴就没合上过。

之前光知道垃圾食品的害处，就是没看到过，这下不用我多说，学生就明白了垃圾食品该不该吃、能不能吃了。可喜可贺，从那以后，零食在我班就销声匿迹了！

阿莫纳什维利说："我坚信教育的强大力量！教育的力量就在于，它能在多大程度上区别对待地发展每一个学生的智慧和形成他的个性特点，能在多大程度上有助于以普通的友爱和与人为善的精神感染他们中间的每个人。"

入班办公，俯下身子平视学生，倾听他们内心深处的声音，参与他们的成长，看着他们一天天长大，恰好印证了那句话——"我陪你长大，你陪我变老"。这又何尝不是一种幸福呢！

愿我们都能做个有心人，被时光温柔以待。

愿我们在未来入班办公的日子里，眼有星辰大海，心有繁花似锦！

用爱耕耘　静待花开

刘敬振

自参加工作以来，我一直担任小学班主任工作。在多年的班主任工作中，我深深地感受到家校共育对班级建设乃至对学校发展都起着至关重要的作用。

一、家校共育能点燃学生心灵的火花

苏霍姆林斯基曾说过一段话："教育的重要任务之一就是：不要让任何一颗心灵的火花未被点燃，而要使一切天赋和才能都能最充分地表现出来"。

作为新时代的班主任，点燃孩子心灵的火花，就是让每一个孩子都生活在被欣赏中，不断地体验成功，快乐成长。基于此，我们更应多学些有关学生发展的心埋学知识，多掌握一些促进学生发展的心理辅导方法。充分了解和正确把握学生在发展中的处境和需要，用教师对学生的关爱和赞赏，激励每一位学生向好发展。

我班一个姓李的女学生，学习基础不太好，上课小动作多，下课管不住自己，经常做出一些比较冲动的事。但是，她对值周工作特别感兴趣，愿意做值周生。

我积极跟家长沟通，家长给我说了很多学生在家里的表现，其中有很多优点，当然也存在着许多不足。根据学生的实际，我们一起制定了促进学生学习成长的方案。

措施一：以愿意做的事情切入

我在班里安排了推选值周生的活动，并提名李同学做值周生。她先是有些诧异，继而非常高兴。可是，班里很多同学不同意，她情绪瞬间又低落了。

我找她谈心，帮助她分析同学们不同意她做值周生的原因。她表示只要能做值周生，愿意改正缺点，严格要求自己。于是，我当面征求了全班同学的意见，并让她在全班表态。最后，她如愿以偿，当上了值周生。

她在担任值周生期间，早来晚走，对工作认真负责。而且，在各方面严格要求自己。我及时地在全班肯定她的进步，家长也在家里对她进行了鼓励和表扬。她上课小动作明显减少，下课也基本能管住自己了。

措施二：决定让她当组长

上学期末，由于换座位，这位李同学所在的组缺少组长，我决定让她当这个组长，“挑战”更高的要求。同时，我也给她的家长提出了帮助性的建议。

以前她有交作业拖拉的毛病，在担任组长期间，除了每天按时收发小组作业，她自己的作业也按时交，错题也改得很及时，不再用我催了。

措施三：推选她为升旗手

这学期初，轮到我班升旗，要推选光荣升旗手。我提前联系李同学家长，让他们先给孩子吹吹风。家长反馈说，孩子觉得没有希望。我说，鼓励她好好表现。

选升旗手的那一天，我刚一询问："升旗手选谁？"同学们异口同声地说："李同学进步最大，选她！选她！"她当时有些害羞，直说："别选我，别选我。"但是可以看出，她的内心是甜蜜的。我把这件事情告诉她的家长的时候，家长甚至有些哽咽。

一个方案，三个措施，看上去都是小事，但这些小事对孩子、对班级、对家庭的影响都不小。家校共育点燃了学生心灵的火花。

二、家校共育让学生体验成功的喜悦

教师的爱是放射着人性光芒的理性的爱。老师对学生的这种理性的爱，能唤醒学生身上美好的东西，激发他们扬帆前进。

我班里有个女孩姓孙。她学习很好，可是就是不敢在同学面前发言，只要站起来就紧张，一个字也说不出来。

学生父母多次找我，跟我谈论学生的情况，特别着急，让我帮助她改掉这方面的毛病。跟家长商量后，决定家校配合，一起来改变学生的现状。

一是家中多练习。在家里，让家长及时询问发生了什么，感悟了什么，让她讲一讲在学校里发生的事。

二是课下多交流。在学校里，我经常找她课下谈心，引导着她多说话。

三是课上多提问。开始提问些比较容易的问题，她回答起来没障碍，越说越有条理，越说越流利。

慢慢地，她能主动走上讲台讲话了，连数学课前的一分钟讲题，她都能大胆地走上台去讲题了。有一位同学这样评价她的讲题："老师，今天孙同学的讲题虽然不是很流利，但是她终于可以大胆走到前面来了。我觉得她今天是最棒的！我们应该向她学习，勇于向自己挑战。"

课前的一分钟讲题这事，我及时反馈给家长，看着孩子的点滴成长，我们都感到莫大的欣慰。

一个班级虽然只有几十人，但来自不同的家庭，有着不同的背景，因而学生差异很大。家校联手能逐步弥合差异，家校共育点燃了学生心灵的火花，让学生体验到成功的喜悦。

成长路上　你我同行

刘艳

伟大的教育家苏霍姆林斯基说过：“生活向学校提出的任务是如此的复杂，以致如果没有整个社会，首先是家庭的高度的教育学素养，那么不管教师付出多大的努力，都收不到完满的效果。”可见，在孩子的成长过程中，家校之间的良好互动、有效合作是多么重要。

“入班办公”使老师每天都能与学生近距离相处，其带来的好处非常明显：我能全面、详细地说出学生每门课的表现，上课有没有被老师点名，家庭作业是否认真完成，语、数、英各科当堂作业完成情况，身体有没有不舒服的地方，同学之间有没有小打小闹，等等。这些第一手材料，让学生家长了解到老师对孩子的关注，了解孩子的优缺点，让他们对学生、老师、学校的教育更有信心。以下有两个经典案例。

案例一：从家长关心的地方入手，让沟通有效果

新的一周开始了。春天明媚的阳光照在我教室里的办公桌上，我心情愉悦地放下包，还没来得及坐下，班长小嘉就匆匆跑过来喊着："老师，小阳周末作业又一个字没写，他又失信于你了！"

瞬间，我的好心情灰飞烟灭，一种浓重的无力感遍布全身。我抬头扫了一圈教室，班里的学生大都在盯着我的反应，包括小阳。目光对视后，他立刻心虚地低下了头，这是他的习惯性动作，看来班长说的是真的。

课间，我把他叫到我旁边，让其他同学不要打扰我们说话，轻声问："班长说你没完成周末的作业，是真的吧？"

他用无辜的大眼睛看着我，然后点点头。

我控制好情绪，组织好语言，问他："上周我们已经约定好了，这周必须要完成。你当着全班同学的面答应老师的，你看，我已经把小奖状给你写好了。你没有做到。这次因为什么没写？"

他就是低着头，不出声。

回想起一开始，他的理由是做完了忘带了，阅读或实践性作业还能糊弄过去。后来，翻看练习册，发现课堂上他没完成的几道题，回家让他补上的，也都没写，要求背会的也不会。次数多了，和家长联系才发现，孩子说回家没有任何作业，都在学校里完成了，家长也没注意到班级群里的消息。为了让他完成作业，所以才有了我俩的这个约定。没想到约定也没管用。

他还是低着头，不出声，我让他回去准备下一节课。

后来，我先后用了三招，才逐渐看到效果。

招数一：直接要求。放学后我把孩子亲自送到家长旁边，跟家长说明今天的学习任务，务必督促孩子完成，养成做作业的好习惯。爸爸妈妈都连连点头，保证回家就监督孩子完成。坚持了两三天，我以为高枕无忧了，没想到又不写了，这回原因是家长问了句孩子作业写完了吗，孩子就说写完了……

招数二：直捣老巢。放学后，我去孩子家里进行了家访，引导家长和孩子制定了一个家庭公约，详细记录孩子每天的作业学习时间、玩的时间、奖励方式以及需要老师配合的地方。这个公约管了两天用，又失效了。

招数三：直击痛点。我发现他喜欢和活泼调皮的同学玩，喜欢音、体、美的课。有一阵儿，他早晨第一节课就打盹，眼睛有点斜视。中午放学时，我把他眼睛的问题和他妈妈说了，当天下午家长就带他去医院检查了，第二天专门告诉我检查了是斜视，可能是半夜起来偷看手机引起的，让老师多关注点。这是他家长第一次这么快速地反馈孩子情况，真是让我很意外。这招管用啦。

看来和作业相比，很多家长更关注直接影响到孩子身体的东西，比如学校里的餐饮、午休、加餐奶、同学打闹留下的划痕，等等。所以我试着以孩子身体为切入点和家长沟通反映孩子情况。刚开始，孩子斜视治疗期间，家长严格控制手机等电子产品，课堂上不再打盹了，人也有精神了。

接下来，孩子作业完成的次数越来越多，老师表扬次数也多了，孩子在校更自信了，会主动找同学玩了。在班级人人有事做的制度下，我多次鼓励他去竞选适合自己的岗位。后来他主动申请要做午休男生舍长，从刚开始不好意思张嘴说话，到后来居然把“吃完饭站路队”“宿舍内看纪律”两方面管理得有模有样的。

案例二：暴脾气的学生家长

刚接班第二天，下午刚放学，小杰爸爸不客气地给我打电话：“老师，我家小孩回来委屈地直哭，在学校里发生什么事了？”

我先把孩子和事情对上头之后，终于想起来了。放学收拾书包时，小杰先和小何同学骂脏话，我批评了他，他觉得小何也骂他了，委屈不服，出校门在路队里他俩又吵起来了。我把事情给小杰爸爸说清楚后，他说：“老师要好好教育孩子！”不过话里话外的意思，好像孩子是被老师或同学给欺负哭的，孩子受委屈了。这一次让我印象深刻，这家长给了我一个“下马威”。

第二次，是腊月二十八晚上九点，小杰爸爸手机开着免提给我打电话。电话中要挟孩子：“下学期不好好学习就转回离家近的村小！”他还说他有四个儿子，养废了这个，还有其他能指望，自己以前做了很多坏事，混过道上，孩子现在也不学好。

听着小杰同学在旁边被爸爸训斥着，我不明白缘由，却担心给孩子留下心理伤害，连忙打断他，说孩子最近书写工整了，课本也能读通顺了，下学期还有希望进步。然后明确地告诉他爸爸要保护孩子的自尊心，可以私下里向老师告状。这一次印象更深刻了，我不知道他是在警告孩子还是警告老师。

第三次，小杰和小刘同学打架了，放了学我让他们在大门口处理好再走，结果两位同学都忘了，我就直接和小杰同学的妈妈反映了这个情况，晚上又和小刘同学的妈妈说了。

小杰爸爸来电话说，光找自己孩子家长，没找那个小刘同学的家长，是针对自己的孩子，指责我语气不好，威胁说晚上要来学校找我。骂骂咧咧地打了半个小时。我把跟小刘同学妈妈的微信截图、电话记录发给他，他回复说：不知道这回事。这一次印象最深刻了。你说气人吧！

我劝自己：夏虫不可语冰。

我还知道一个道理：先处理情绪，再处理问题。

在一次次的沟通中，小杰爸爸发现了我的“平和”，也看到了孩子的进步，逐渐认可了老师、学校。现在老师的话也能听进去一些了。

就像微风拂面，就像水滴石穿，就像雨润万物，不知不觉中，沟通也变得越来越容易。孩子表现、家校合作也都朝着好的方向前进了。

成长路上，你我同行。

为梦想自由翱翔，用爱心奋力托举

张彬

在“入班办公”四个多月的时间中，在教室后面的小天地里，我看到了孩子们的“庐山真面目”，感受到了不一样的童真童趣。有惊喜，有震撼，更有意想不到的收获和体验。

一、协同共育，静待花开

在一次语文单元测试课上，我强调了考试注意事项，要求大家认真思考，认真书写。在我巡视的过程中，看到孩子们认真答题的样子，我心里感到由衷的欣慰，于是就坐在讲桌前开始批改孩子们的课堂作业。时间一分一秒地过去了，马上就要到交卷时间了，我在巡查时发现小王同学的作文还一个字也没有写，我心生的怒火“腾”一下冒了上来，狠狠地批评了他几句。事后我就想：这个孩子做其他学科的题时也这样慢吗？“入班办公”给了我全面了解这个孩子学习状况的机会，让我从不同的学科课堂看到了这个孩子共性的一面：数学试卷没做完，英语试卷没做完，科学试卷没做完……许多老师也向我诉说着小王同学做题像慢鸭子似的，一直拖到交卷也做不完。

听着老师们的诉说，我心里不断地思考：是孩子本来就不会，还是没有时间做呢？于是，我带着这些疑问，利用入班办公的课间，把小王同学轻轻地拉到我办公桌旁的“爱心话吧”，问他为什么考试时试卷做不完？他支支吾吾地说：“老师，我害怕考试，一考试我心里就发慌，考不好时，害怕爸爸妈妈打我，害怕老师批评我……”看到孩子眼睛里含着点点泪花，我心里一颤，孩子的心灵十分脆弱，每次考试都会给他带来紧张害怕的心理压力，越来越胆小！看得出，这个孩子的问题由来已久，解决起来有些棘手。于是我就通过发微信、打电话、利用放学的时机和他妈妈详细交流等方式与家长进行沟通。

几次的交流，我悉数获取了小王同学考试做不完试卷的原因：因为上个学期的“网课”缺乏家长的监督，听得很不好，再加上三年来她的诸多表现没能够引起老师们对他的关注，孩子考试时的自信心几乎为零。

找到了问题发生的原因，当务之急是要给他树立自信心。课间，我经常把他叫到“爱心话吧”对他说：“首先要树立信心，我希望能看到你每天进步一点点，考试时认真审题，会做的题目一定不要放弃，不会做的题老师讲解的时候要认真听，老师会关注你的点滴变化，相信自己，一定能改变！”孩子使劲地点了点头。“爱心话吧”的交流，拉近了我和孩子心灵之间的距离。我也第一时间把孩子的问题告诉家长。听他妈妈说，孩子在家也有这种状态，做家庭作业时，做了一会儿就开始发呆，很不专心，有时候一道本来很简单的题，一直做到晚上10点多钟。

在我和家长多次沟通之后，我就在我的语文课堂上不时地提问他，提高他的注意力。在其他学科的课堂上，也让老师们有意识地去关注他，有时用一个严厉的眼神，有时用一句温暖的话语，有时用一个不经意的抚摸。每当他回答对了一道题的时候，我就竖起大拇指来表扬他，并用“小杏仁”课堂评价积分表给他张贴幸福的小标志，每次得到老师的表扬，他脸上就会出现灿烂的笑容。在老师们不断的关注下，他的作业基本上也能按时完成了。有一次，我下午来到教室，看到他正在给我整理办公桌，还用一块干净的抹布给我擦桌子。有时来早了，他还会帮其他同学做值日。当我发现这些好苗头，第二天就在教室里大力表扬他，看到他腼腆的笑脸，我也感受到这个孩子在老师的关注下，已经呈现出一种积极向上的学习状态。他已经找到了自己的位置和自己的价值，看到孩子一天天地进步，我心里感到由衷的感动。

每当我发现孩子的闪光点，我就及时用微信告诉他的妈妈，让家人一起分享孩子的点滴进步。他妈妈在家里也不断地发现孩子的进步，并拍照或用文字传给我，我也会在课堂上毫不吝啬地表扬他。

在我们任课老师之间的默契关注下，在我和家长之间的共同努力下，如今的小王同学已经发生了惊喜的变化：做试卷不再那么磨磨蹭蹭，而且速度有了明显的提高，尽管他的各科成绩还不是很理想，但是这种认真做题的变化是可喜的，我相信老师和家长用爱心、真心搭建的这个桥梁，一定会让孩子产生学习的动力和自信，助力一生，快乐成长！

二、架构桥梁，为爱启航

入班后学困生的惊喜变化，令我欣慰。但是特殊生的课堂表现令人担忧。

今天语文课上，我又发现小吴同学咬手指了。入班办公后，我发现在其他老师的课堂上，她也同样有咬手指的坏习惯。记得本学期的一个课间空，我正在我的小天地里备课，有位同学急忙跑到我身边慌慌张张地说："张老师，咱班的小吴同学又哭了，哭得很伤心！"

我赶紧走到她的身旁，看着她痛哭的样子，让我感觉非常可怜。我拍拍她的肩膀说："别哭了，再哭就不漂亮了，你跟着我来吧。"

走进"爱心话吧"，我详细询问了她哭的原因，她一边流着鼻涕，一边振振有词地说："老师，我的同位，他在鄙视我。本来我拿家庭作业了，他非说我没拿。"

听到这里，我摸了摸她的头，语重心长地对她说："孩子，不能再哭了。你的同位做法是不对，但他也不是故意的，你心胸也开阔一点，原谅他这一次，也算给我一次面子。"

孩子就这样在我的引导下，情绪慢慢缓和下来，也点头答应了我的要求。

可这孩子经常不定时哭泣，如果不及时改正，势必影响课堂效果和她的心理健康。通过询问其他同学和同家长的沟通，我了解到她的父母已经离异五年左右了，她从小跟着爷爷奶奶生活。爸爸因常年在外打工挣钱，没有更多的时间去关心她、教育她，培养孩子的任务就落在了年迈的爷爷奶奶身上。隔辈亲，孩子被溺爱得不像样子。由于家人的过分溺爱，导致孩子的性格有点儿孤僻，凡事以自我为中心。有时和同学发生点儿小矛盾，她总觉得别人是在欺负她，欺负她这样一位单亲家庭的孩子。

基于以上种种原因，和她相处得来的同学少之又少，长此以往，对她的成长百害无一益。于是我就给她选配了一个比较有爱心又乐于助人的同桌，来时常提醒她上课时不吃手，尽可能地化解孩子的烦心事。有时候我也会在课间时间，悄悄地把她领到后面的“爱心话吧”，交流当天发生的有意思的事，以大朋友的身份，让她感受到我对她的关注。同时我也立刻和她的新妈妈交流了孩子在校的种种表现，她妈妈听完后，马上高兴地说：“张老师，您说得真对。孩子在家也是不讲卫生，玩完玩具后，满地都是，写完作业之后，也不知道收拾，经常丢三落四，但凡有点不乐意的小事，就哭个没完没了。”看来，家长对孩子身上的种种小问题也深有同感。我对她这种重组家庭格外的关注和用心。我也时常把我的一些做法告诉她的妈妈，家长也十分支持、赞同我的做法。并且她妈妈在家也抽出大量的时间，陪伴她写作业，陪伴她读书、活动，孩子在家的点滴进步，她妈妈也及时告诉我，并让我在班里多表扬她，树立她的自信。

孩子在学校的点滴进步，我都会以小奖状、电子奖状、积分表、星卡等方式予以肯定，并利用班会课或其他合适的时间大力表扬，把孩子的闪光点及时传递给她的父母，从电话那头，我也听到了家长的那份开心和激动。孩子在家里种种好的表现，家长也不时地向我传达：作业做完会收拾书包了，玩完的玩具也能收拾了……每每听到这些，我也很兴奋，并在学校不遗余力地大加赞扬。就这样，在同桌和我的关注下，在她父母的配合陪伴下，她上课虽然还会咬手指，但比以前好多了，听课的注意力明显增强了，教室中常常能听到她和同学那爽朗的笑声，看到她脸上洋溢着的自信、灿烂的笑容。

三、关注心灵，播种希望

“张老师，小闫同学又从杯子里喝完一口水吐到别人的脸上了。”“张老师，小闫又从水管中喝完一口水吐到别人的脸上了。”……正当课间，我在教室批改试卷时听到孩子们的报告。

我生气地立马就把他叫到了我的“爱心话吧”旁，问他为什么这样做。他胆战心惊地说：“老师我错了，我只是和同学闹着玩呢，你不要告诉我的妈妈，以后我绝不敢这样做了，请你相信我！”

看着他受惊的眼神，我的火气也慢慢地降温了，毕竟10岁左右的孩子，天真幼稚。他自认为是一个小小的玩笑，如果现在不把这种玩笑消灭在萌芽状态，将来会造成严重的后果。想到这里，我轻轻地摸了摸他的头，说：“孩子，你觉得这种做法合适吗？这种做法已经伤害到了别人，伤害到了你的同学。

同学之间应该像兄弟姐妹一样，相互关心，相互帮助。如果你经常这样做，就会失去好多好多朋友。生活中有许多类似的玩笑，发生了严重的校园事故，给学生本人和同学、家庭带来了严重的损害。这种玩笑可不能再开了，万一口水把别人眼睛给吹坏了，那可不得了！”

听完这些语重心长的话，他惭愧地低下了头。

后来，我通过和他一起午托的同学得知，他在校外托管班时，由于校外托管老师管理不严格，他接触了各种各样的高年级的“问题学生”，在他们的影响下，他自然就学坏了，才不时地做出这样的恶作剧。由于他爸爸常年在外打工，他妈妈要拿出更多时间照顾他年幼的弟弟，无法顾及他。

之后，我就把班长悄悄叫到我的身边，让他一下课就不断地提醒小闫，监督他的行为。他的妈妈也十分配合，在家利用一切可利用的时间，陪他学习、谈心，他爸爸也会抽出一定的时间和孩子视频电话，进行亲子交流。

在班长不断地提醒帮助下，在老师和家长的鼓励陪伴下，他向别人吐口水的现象从此再没发生过。

苏联教育家苏霍姆林斯基说：“儿童只有在这样的条件下才能实现和谐的全面发展，就是两个教育者，即学校和家庭，不仅要有一致行动，要向儿童提出同样的要求，而且要志同道合，抱着一致的信念。”为了学生的发展，家庭教育与学校教育必须联合起来，形成一股强大的教育力量，切实为青少年的发展奠定坚实的基础。

“入班办公”给了我们走近孩子、不断发现问题、纠正问题的时机，也让我们看到了孩子最纯真无邪的样子。孩子就是一名天使，降落人间就是寻求我们疼爱和呵护的，老师和家长应该成为孩子成长路上的守护人。在以后的入班办公时间里，我会继续走近孩子，走进心灵，倾心为孩子的茁壮成长保驾护航。

积极沟通，彼此信任，构建和谐家校关系

张娟娟

班主任工作虽琐碎、平凡，却非常重要，更需要家校配合。家校沟通是一门艺术，更是心灵桥梁搭建的好机会。只有家校关系和谐了，我们的班级工作才会做得更好。如何推进家校关系更加和谐？如何促进孩子健康成长？入班办公后，我从这两个方面进行了探索。

一、交流沟通无止境，孩子成长无上限

在交流沟通方面，我们班有三个非常典型的工作案例。

案例一：强打精神的小男生

我班有个小男生，叫李文轩，他是个学习认真、成绩优秀的孩子。可自从夏季有了午休，在我的语文课堂上，他虽看上去听课很认真，但是眼睛睁不开，一副强打精神的模样，上其他课时更没精神。

我们是在教室内办公的，办公桌就在教室的最后边。我发现几乎每天上课时，他都会偷偷瞄我。只要我一忙起来，他就趴在课桌上。

刚开始我以为他感冒了，就问了问他，他说没有感冒。我提醒他以后上课要坐直，可他还是经常趴在课桌上。

利用课下时间，我就和家长沟通交流。事情原来是这样的：孩子因为父母工作忙，跟着爷爷奶奶住，爷爷奶奶年龄大了，睡眠少，晚上看电视到很晚，中午不睡午觉，他也跟着不睡。班主任的课上他还能勉强坚持，其他的课，他就控制不住自己了。

他的爷爷奶奶也意识到问题的严重性，表示一定争取晚上在九点之前上床睡觉，中午也安排孩子午休。过了一段时间，孩子上课睡觉的现象少了，休息也好了，他的妈妈对我不停地表示感谢。

案例二：不言不语的小女生

我们班还有个叫李淑涵的小姑娘，她学习成绩很好，但就是不太爱说话，上课的时候更不爱回答问题。

和家长沟通后了解，孩子父母都在上海打工，小姑娘在家里跟着姥姥姥爷生活，因为长期跟在老人身边，缺少父母的陪伴和关爱，孩子逐渐变得内向，不愿表达自己。

针对这个现象，我在班里专门设置了一个“表现之星”，每次课堂上积极举手的同学都可以得到一颗“表现之星”。

我与孩子的妈妈商定：孩子得到“表现之星”后，妈妈要郑重地表扬孩子，达到十颗星，要给个奖励。她妈妈积极配合。

现在小姑娘活泼多了，脸上的笑容也多了。更可喜的是，她与同学的交流多了，课堂上回答问题的次数也多了。

案例三：总爱请假的小孟

一个班就是一个集体，在一个集体当中，总有让班主任头疼的学生。在我们班最让我头疼的是孟国民同学。

从上学期开学后的第二天开始，他几乎每天都要请假，有时一天能请两三次。几乎每天早晨、中午上课前，总能在班级微信群里看到：张老师，国民呕吐、肚子疼，要晚去一会儿。晚一会儿，或者10分钟，或者半小时。来到学校后一会儿就没事了。

另外，只要我班的微信群有一个感冒请假的，第二个就是他。

每天看到他的请假信息，我就头大。

和家长沟通后发现，他妈妈是“九零后”，年轻有活力，对孩子的约束没那么多，在家上“网课”时躺着，趴着，没有一个固定的地方。回到学校后一节课40分钟，他坐着累，陆陆续续持续半年的“网课”让他习惯了在家的生活。另外，孩子自尊心强，“网课”落下了，他觉得丢人，所以就选择了逃避。

征得家长的同意和配合后，针对他的情况，我在班级内开展了一系列活动：一是让他坐到我的桌子旁边，和其他孩子说，大家都有同桌了，老师也需要一个同桌，就让小孟同学来当老师的同桌；二是每当他不舒服时我就陪他聊天，我发现他并不是装病，是真病，是心理极度不适，出现了开学适应障碍。采取措施一个多月的时间里，他身上出现了非常可喜的变化，不仅请假变少了，成绩也在一天天进步。

不论是工作，还是学习，都需要良好的交流沟通。良好的沟通可以让我们更好地表达自己，同时也能更好地了解别人，知道自己的需求和别人的需求，从而帮助我们更好地处理各种关系。

二、老师家长互相信任，共同助力孩子成长

关于信任，有两个案例。

案例一：母亲节的故事

母亲节前夕，我说我们拍个视频吧，祝妈妈节日快乐。大家都很高兴，只有小明没说话，拍的时候也不认真。我又说回家的作业是为妈妈做一件事情：祝妈妈节日快乐！课下他跑到我的办公桌前，说：

“老师，我的作业完不成！”

我说：“为什么呢？”

他叹了一口气说：“我妈妈可能要和爸爸离婚了，她带着弟弟把东西都搬走了。”眼泪一下子就流了下来。

看到这种情况，我眼睛一酸，对呀，每个孩子都希望有一个幸福的家庭。

我对他说：“孩子，不要哭了，后天就是母亲节了，你也给妈妈准备个礼物。我给你妈妈打电话，和她说一说。”

周五的下午，我给他妈妈打了一个电话，和她聊了聊孩子

的情况，也说了一些我的想法，我也劝她，其实人和人之间都有很多摩擦，但是需要相互交流。一个健全的家对孩子来说是非常重要的，我希望她好好考虑一下，周末的时候让孩子陪她过一个母亲节。

周一见面，小明先是高兴，后又难过地和我说："老师，我妈妈真的回家了，我们一起过了一个母亲节，但是她又走了。"

我说："你可以让爸爸给妈妈道歉。"

我又和孩子爸爸沟通了一次，知道了他的想法。我让孩子用我的手机给妈妈打电话，让他和妈妈说，他需要妈妈，弟弟也需要爸爸，他们都需要爸爸妈妈，让孩子和妈妈爸爸好好交流一下。这个孩子非常聪明，和妈妈聊得非常好。

"六一"儿童节的时候，他妈妈给我发了一个微信消息，说："张老师，我回去了，听了你的劝告，孩子确实需要一个完整的家，我们也在磨合中，我希望我能做一个好妈妈。"

我说："谢谢你的信任。"

消失的笑容回来了，孩子这段时间进步很快，这周的模拟测试取得了有史以来最好的成绩。

案例二：美丽的教室

入班办公以来，我每天都会随手拍几张上其他课时的照片，传到班级微信群里。这一个小小的举动，不只收获了孩子对我的信任，更重要的是收获了家长的信任。

"六一"儿童节那天，我带着孩子们去操场参加趣味运动会。运动会结束，我还没走到四楼教室，就听到孩子们的一片欢呼声。

我走进教室，大吃一惊，原来家长们把我们的教室装饰得非常漂亮，还给每个孩子桌上都放了小礼物。孩子们高兴地和我说："老师，老师，我们教室太美了！"

我问家委会主任："怎么咱们的教室变了样呢？"

他说："我们每天看着你和孩子们在教室里一起学习，一起工作，觉得这种氛围真是太好了，我们也想为班级、为孩子们做些事情，所以我们就悄悄联合我们的家长，给孩子们准备了一份儿童节惊喜。"

其实这份惊喜不止带给了孩子，更震撼了我！只要我用一点点心，就会得到家长更多的信任与支持。

积极沟通，让我们洞悉所有的无助与忽略。

彼此信任，让我们践行真实的想法与期待。

家校携手，共育英才。

教书育人　懂你懂我

赵梦

光阴荏苒，岁月如梭。我从事教育事业已7年有余，三尺讲台下邂逅了一批又一批可爱的学生。作为班主任，我深感责任重大。这份责任鞭策着我一直在思索如何做好一名班主任，“入班办公”让我懂了很多的事。

一、看着小王的变化，我懂了

苏霍姆林斯基曾说：“一个好老师意味着什么？首先意味着他热爱孩子，感到跟孩子交往是一种习趣，相信每个孩子都能成为一个好人，善于跟他们交朋友，关心孩子的快乐和悲伤，了解孩子的心灵，时刻不忘自己也曾是个孩子。”

学生小王不喜欢学习，回家不做作业，上课听讲也不够专注。我一直在想方设法地让他主动学习、热爱学习、遵守纪律，但是效果并不显著。我找他谈话、批评他，几乎用尽了所有的方法，都无济于事。在我入班办公之后，转机也悄然而至。

那是一次美术课，美术老师讲解完课程内容后，便布置了绘画任务，紧接着就听到学生们的绘画声。闲来无事，我起身观看了一下学生们创作的画作。当我走到小王的身边时，发现小王画的是一幅素描——一盘水果，他画的竟然像照片拍的一样，惟妙惟肖，特别好。我没想到他在绘画上竟有如此高的天赋。美术课后，我将小王叫到我的身边，称赞他的绘画水平很高，我的话音还没落，小王竟有点儿不好意思了。只见他小脸儿红红的，低下了头，嘴角洋溢的笑容昭示着他内心的欣喜。我突然想到之前不管我怎样教育他、批评他，他都无动于衷，不为所动。没想到这简单的表扬竟会引起如此反应！这让我受到了很大的触动。此后，我又从几件小事里发现了他在其他方面的闪光点，并及时给予表扬。渐渐地，我发现他变了，上课听讲认真起来，能自信地举起手回答问题，成绩也由此有了很大的提高。看着小王的变化，我懂了：人的精神生命中最本质的要求就是渴望得到赏识。训斥只会压抑心灵成长，而赏识、激励，才能开发人的潜能。

二、小张看着我，重重地点了一下头，我懂了

学生小张父母离异，性格孤僻，跟随着母亲一起生活。经我多方面了解，小张在父母离异之前学习成绩较好，性格开朗。遭遇家庭变故之后，他的成绩严重下滑，性格也变得孤僻。其母亲对他关怀备至，因为离婚的问题，她对孩子产生愧疚感，所以过分溺爱，继而导致小张不听母亲管教。而其父亲忙于工作，鲜少来看小张。

一次上课，由于小张交头接耳不听课，老师便要求其站起来听讲，可是站起来没多久，小张突然晕倒在地。当时我正在班级内批改作业，出现这一事件，我立马联系小张的母亲并拨打急救电话，小张的母亲和救护车几乎是同一时间赶到学校，我同上课老师打了招呼之后，便和小张的母亲一起前往医院。在急救车上我建议小张的母亲最好通知一下小张的父亲也去看看孩子。张母思索良久之后才打电话通知了小张的父亲，虽然隔着手机我听不清具体内容，但我也感觉到了电话那头的焦急。

到了医院，经医生检查小张并无大碍，只是长时间吃饭不好有点低血糖而导致了眩晕，打点吊瓶补充下营养就好。张母听后深吸一口气，我悬着的心也放下了。找到床位将小张安顿下来后，张母便去办理住院手续了，我便照看着小张。打上吊瓶没多久，小张便苏醒过来，其父亲这时推门而入，眼神慌张，看到小张后立马跑到小张床前询问其身体状况。我在旁边劝导道："小张已无大碍，只是有点低血糖，打点吊瓶就好了，他妈妈正在办理住院手续，你去看看有没有需要帮助的，我在这里帮你们照看孩子。"张父道谢后便退出病房，走时不忘回头看一眼小张，我看出了小张父亲的不舍、愧疚。

张父出门之后，我便转身对小张说道："看到没有，你爸爸也是爱你的。小张，你应该明白，离婚是大人的事，他们之间的事或许是出于某些特殊的原因才导致这样的结果，可是这些都与你无关。他们对你的态度都是一样的，都是爱你、关心你的。作为你的老师，我也很关心你，还有你的同学，他们也很关心你。你不知道，在你晕倒的时候，很多同学都希望陪着你一起来，为了不耽误他们的学业，我才没让他们来的。我们和你的父母一样，都希望你能健康、茁壮地成长。”

小张听后，默不作声，却眼含泪花。

过了一阵，小张的父母回来了，对我连声道谢，我忙道这是我的本职工作，回头看了一眼小张，说道：“我希望能看到你的改变。”

小张看着我，重重地点了一下头。

自此之后，小张慢慢变得开朗起来了，成绩也在稳步提升。

三、肖老师步步紧逼式的提问，我懂了

对教育教学质量精益求精的追求，是每一个教育工作者不可推卸的责任和义务。我一直在寻找方法，如何去提高自身素质，狠抓教学质量。“入班办公”给我带来了一个契机，我突然明白教育的提升不一定只听所教课程的公开课，其他学科的教学方法一样可以进行借鉴。

肖老师是一名优秀的语文老师，从业多年，业务精通，深谙教育精髓。本学年我有幸与肖老师搭班一起管理五年级（10）班。入班办公后，听她的语文课言简意赅、通俗易懂，很受学生欢迎，让我这个“门外汉”也听得津津有味。

作为一名数学老师，我虽然不懂语文课的教学结构和授课方法，但在听课的过程中，竟有很多发现和收获。肖老师在讲课的过程中善于就一个问题对一个学生进行使劲拷问，在步步

紧逼的过程中碰撞出思维的火花，鲜有学生能够招架住，很快“缴枪投降”，可肖老师依旧不肯罢休。反思我的教学方式，我只是教学生去发现唯一的正确答案，教学生明面的步骤，这大大阻碍了对学生的启迪和他们的创造性思维。肖老师的“步步紧逼”式提问能够让学生产生压力，自发地寻找解决问题的方法，事后学生对解决这个问题的过程作出总结，并从中发现规律，遇到类似的问题就可以迎刃而解。虽然语文和数学是两种不同的学科，但教育的行为方式是相通的，这让我在数学教学的认知过程中产生了新的见解和思索。

教育的本质是教书育人。教书和育人是不可分割的统一体，二者相互作用，相互渗透，相辅相成。入班办公，让我更加细致地看到了学生的闪光点，见微知著，因材施教；入班办公，也让我在教学过程中得到启迪与发展。

43个电话与2.8G微信

赵相承

语文课上，认真的老师在领着全班同学共同走进盛唐的历史，感受李白的快意恩仇与杜甫的胸怀天下，所有的孩子们沉浸其中，洗耳倾听，我也在后面的办公桌上惬意地批改着当日的作业。眼神的余光扫过，一个短发女生映入了我的眼帘，与这般情景格格不入。

一、连珠炮式的疑问

低头、不语、手中拿着“方天画戟”，挥毫泼墨勾勒乾坤，笔走龙蛇纵横春秋。“难道这种融入了有趣的历史知识的课堂都吸引不了她的注意力？”第一个疑问在心中陡然而生。还没等到我过去纠正，负责的语文老师便走到了其跟前，没有暴风骤雨，也缺少了破口怒骂：“认真倾听下古人们的前世今生或许对作画更有帮助呢！”如此有感染力的教育语言连我都期待它泛起的涟漪。

落花有意流水无情，她丝毫没有抬头的迹象，我行我素的样子甚至让我怀疑她是否准确地听到了语文老师的谆谆教诲。

“要不把画本先给我，下了课或者等美术课再继续画怎么样？”语文老师依旧耐心地与她沟通着。

还是无动于衷，依旧“对牛弹琴”。她这副“风轻云淡”的样子终于成功让我滋生了些许愤怒。

我快步走到她的跟前，收起她的画本：“先认真听课，画画的事下课再说。”我转身离开，她抬头浅送，然后极不情愿地投入到了语文课堂上。第一次与她的交锋点到为止。

课下，孩子们围绕在我的身边，畅谈自己的收获，感悟古人们的家国情怀。热聊中我又一次注意到了她：偏安一隅地稳坐钓鱼台，继续拿着画笔在一张白纸上恣意勾勒。“画本被收起来了也不想着要？”“这是对画画有多大的瘾啊”“要是把画画的精力用在学习上她得达到什么样的高度？”连珠炮式的疑问让我陡然提升了对于她行为的极大兴趣，找她谈一谈成为我暗自定下的目标。

二、失败的交流

第二节课的课余时间，终于有个半个小时的空，为了保护她的自尊心，我选择回到了办公室与她进行交流。没有劈头盖脸的批评，我用一句“你的画里都是满满的天赋”，意图打开她的话匣子。低头不语的她终于抬起头来，这一刻我从她的眼神里看到了光。

“我喜欢画画，从小就喜欢。”她略带兴奋地说。

“那你的梦想是什么？”我继续追问。

“当然是成为画家了，而且是很出名的那种，像孔新一样。”

“目标很大嘛，那你知道孔新是哪里毕业的吗？”

她懵懂的片刻，我揭晓了答案，“清华大学美术学院，所以你应该知道他为什么厉害了”。

“画画也需要考大学吗？”她仍然懵懂着。

“当然了，你的成绩优异或许就能进入到中央美术学院等全国著名的绘画学校中，到时候教你的老师们都会是画画最厉害的一群人，你说需不需要考大学呢？”

“好吧，但学习一点意思都没有。”她仍然想据“理”力争。

“所以说，吃得苦中苦，方为人上人。现在你才四年级，只靠自己画画而且没有老师指导以后会怎么样不需要我说了吧，自己要算清楚人生的账，下不为例，老师希望这是最后一次！”

“知道了，可是学习就是不如画画有意思。”她戏谑的回答里充满了不服，拿起画本转身离开的动作一气呵成，只剩留在原地蒙圈的我，这失败的沟通经历也让我更加笃定了改变她学习习惯的决心。

三、打个电话咱细聊

当天下午放学时我便在送路队之后留下了她的家长，鉴于她一直“警觉”地在旁边观望，我只是简单说了下近期学习的情况便结束，留下了一句“这两天有空给我打个电话咱细聊”单独给她的家长。

第二天的下午，她妈妈的电话如约而至。俗话说："一千个人眼中有一千个不同的哈姆雷特。"我开始走近这个略显孤僻的女生，知道了这个11岁少年身上不可承受的生命之重。电话中，她妈妈"平心静气"地跟我讲述了这个孩子的过去。她从小因生病做手术，导致现在走路左腿仍然跛着；父母感情不和早年离婚，妈妈忙于养家糊口，她和弟弟一起一直跟随姥姥姥爷生活；姥姥姥爷体弱多病，自己在家时除了要照顾弟弟还要帮姥姥姥爷做饭洗衣服……

听到这些我顿感头皮发麻，幸福的人用童年治愈一生，不幸的人用一生治愈童年，真没想到一个11岁少年身上承担着如此的压抑和重量。但我仍强装镇定："她好像很喜欢画画是吧？"话说出口我就后悔了，当然是了，这不是和尚头顶的虱子——明摆着的嘛。"可别是有什么由头啊！"我暗自祈祷。

"是的老师，我和她爸爸在她上幼儿园的时候离婚的，那个时候她还喜欢跳舞和唱歌，后来不跳也不唱了，就天天拿着各种笔画画，也不跟人说话，到这五六年了，我也管不了她，就是觉得怪亏欠这个孩子的……"说着说着，她妈妈在电话里开始了哽咽。

"对不起，不该提这个话题的，我就是觉得她很懂事，而且要是把画画的这个态度转移到学习上肯定能取得很大的进步。"

"真的吗老师？她就是笨，从一年级就考不到高分，我都要放弃她了。"她妈妈直来直去，索性我也就和盘托出："这个孩子懂事说明她品行好，我们需要做的就是保持住她的品德习惯，然后在学习上给她转变观念，把更多的精力用在学习上，让学习和画画相辅相成，那样她的路肯定会越走越宽！”

达成了这样的协议，家校共育的雏形初步显现。

四、她在变好

她妈妈调整了自己的工作时间，只上白班不上夜班，确保每晚悉心陪伴她复习功课、巩固作业、批改提升，遇到不会的题目及时联系老师解答。

我开始给予她更多的展示机会，来提升她的自信心，让她放下对老师的戒心，从而更容易地接受任务。

初上讲台进行数学故事演讲的她战战兢兢，我便告诉她："你有勇气站到这个地方的这一刻就已经胜过了其他54名同学，他们也会给你更多的鼓励的！"

一题多解环节，她慢慢能够组织自己的语言。

国旗下的讲话是她跟妈妈沟通后主动找我要求参与的，这一刻我看到的是一个阳光的孩子。

……

时机渐渐成熟，我与她约法三章：除美术课之外的课程，做到不画画、认真听、课下练。美术课上认真按照老师的要求画画，不明白的找美术老师指导请教。我们拉钩盖章确认。

自此以后，微信上她发的答疑题目与日俱增，从四年级在学的，到一、二、三年级学过但不明白的，有的题目一遍不懂就问两遍，微信不方便就直接打电话。看得出来她在变好，这或许对于老师是最好的信号，陪她一起学习的妈妈也开玩笑地说道："仿佛又回到了自己的学生年代。"

五、“这个妮子你给俺好好管着啊！”

四月的最后一个周末，我抽空对她进行了家访，虽然有一定的心理准备，但景象还是让我感到震惊。

简陋的家里并没有几件像样的家具，发霉的沙发孔也映衬着生活的窘迫。但家人们和谐的状态，朴素的穿着，得体的语言仍然让我心安。因为我知道这是对于她最好的“后勤保障”。房间里贴满了她五颜六色的画，这不仅是画，更是一家人对于美好生活的渴望，一个少年对于未来的无限畅想。

犹记得她姥爷跟我交谈时深情的话：“老师，这个妮子你给俺好好管着啊，她愿意听你的话，说你人好有意思，讲得又明白！”一瞬间我的鼻子发酸，我相信这育人的使命催着我向前。

六、育人的使命催着我向前

现在，她开始有了更多的伙伴；同学们对于她的评价也变得积极正向；学习成绩由60多分提高到85分左右；她的家长脸上也有了更多的笑容。

43个电话沟通，2.8G的微信联系，两次家访……我看到了一个孤僻少年真实转变的发生，这不是镜花水月，这是告诉我们教育界里没有“不可能”，只要你有梦。

当“入班办公”邂逅“家校共育”，当“爱生如子”遇上“鼎力支持”，当“初心不改”初见“心向往之”，我的故事于春天走来，向阳花开。

突破小“课题”，带来大变化

周广金

入班办公一年多以来，我与班里这帮孩子们从“斗智斗勇”，到“相知相近”，再到教学相长，我和孩子们都在扎根班级、努力成长。其中，我与小S同学的故事让我更加坚守了立德树人的初心。

——题记

去年暑假后，我主动选择了四年级三个班，还兼任了其中一个班的班主任。这几个班英语学科相对薄弱，学风不浓。多年的班主任经历告诉我，班风和学风的转变绝非一朝一夕之功。那我为什么还要这样选择呢？一来，我作为学校英语学科负责人，给学校补一下这个年级的英语短板是我义不容辞的责任；二来，也算是挑战一下自己。无奋斗，不青春！我信心满满地开始了班级工作，坚信努力一定能改变大家眼中这个“冥顽不化”的所谓的“问题班级”。

恰逢学校推行“入班办公”。带着一腔热情，搬进了四年级（3）班教室。我在教室后边的一角安营扎寨。在做好了“结硬寨，打呆仗”的持久战准备后，我很快就开启了班级“改造”工作。这个时候在教室后边另一角的小S，引起了我的注意。凌乱的桌面、踩在脚下的书包、塞满小物件的桌洞……让我没法忽视他。说起来，我和小S也算是“不打不相识”。

有一次，他和小D、小M因为一点小事，课间在班级闹了起来，嚷嚷着，推搡着，事态正朝着不可控制的方向发展……班干部也没能控制住局面，就派人向正在另一个班里刚下课的我“通风报信”。我刚走下另一个班级的讲台，两个火急火燎的学生就在门口冲我喊：“周老师，周老师，不好了，不好了，小S和人打起来了！你快去看看吧！”

我三步并作两步飞奔到教室，正看到了比较激烈的场面。班长大喝一声：“老师来了，快住手！”双方立即偃旗息鼓，但是小S仍然面红耳赤，愤愤不平。

就这样我把他当作了入班后要解决的第一个“小课题”。

后来小S说，自己当时都打算回家反省了，没想到我会宽容处理。经过了解，我知道了小S是因为小D、小M欺负他的好朋友小Y才动手的。我首先肯定了他的正义感，这时，我看到了他眉宇间一丝的惊讶和难以置信。当然，我也严厉地批评了他的冲动，并罚他当“纪律监督员”一周，负责监督班级课间空的班内秩序。

我跟小S说不要把这个任务当作惩罚，这也是在给我们班做贡献呢！让我开心的是，开朗的他真的没有把当“纪律监督员”当作不好意思的事情。佩戴着专用的徽章，他认真负责地与各种不文明和违纪现象作斗争。偶尔会冲动的他也让我有点担心，但好在我每次都能及时地给“激烈场面”降温调和。小S就像一块“黏黏胶”，谁讲粗话骂人了、谁在教室追逐打闹了、谁乱扔垃圾了、谁桌面脏乱了、谁乱丢书包了、谁值日迟到了，他都会黏住不放，直到问题改正。一天，小D说：“老师老师，我要举报！小S又不是班长，凭什么让我写检讨和保证书！”我说：“你在教室乱跑是很危险的，按照咱们的班级公约，是得写保证书，可能是小S帮班长安排你写的吧！”我不禁暗自吃惊，真没想到这个小S也太负责了，本来就让他监督一下，谁承想他竟然把班长的活都干了。小S说那一周真是太“威风”了，我说为班级做贡献、做正能量的事情本身就很威风。

班委换届时，我力排众议，推荐小S当纪律委员。当时，同学们面面相觑，个别同学甚至对他投去了怀疑的目光。看到他那依然还是比较凌乱的桌面，想到他那百宝箱一样的桌洞，时不时踩在脚下的书包，我也真是为他捏了把汗。说实话，我心里也没底。赌一把吧！最起码让小S自己先“正常”起来。一旦把他这个“小难题”给突破了，我们班就一定会被改变。班会之后，我向他和盘托出了我的顾虑和担心，小S表示他很感谢老师，也会尽最大努力。于是，我跟他一块整理书桌。我们都在教室一角，也算是“同桌”吧。同桌之间，就得互相帮助，难道不是吗？

纪律积分制、值勤例会、每日最美同学……我们班级的纪律慢慢得到了老师们的认可。我只是想出了一些点子，是小S带领大家把原本乱哄哄的地方变成了秩序井然的教室。但是，一想到他的学习，我就又开始犯愁。如何提高他和几位“难兄难弟”小伙伴的英语学习质量？这成了我的又一个“小课题”。

一开始，我给小S找了几位小老师帮助他。长则一周，短则三天，这几位小老师都“知难而退”了。有一天，其中一位小老师看到小S不在教室，跟我告起了状：“老师，小S他根本学不会，他也就是维持教室秩序还挺在行。”没想到的是这几句话恰好被站在门口的小S听得一清二楚，我清楚地看到了他脸上的尴尬，也感受到了他的尴尬。放学后，我留小S待了一会，我说：“想不想学好？”他说：“做梦都想，但是老虎吃天，无从下口啊！”于是，放学后的10分钟成了我们约定的交流时间。我说这不是老师在给你补课，我是在做一个“小课题”，你只需要把你的问题和困难告诉老师就可以。慢慢地，小老师们也不再告他的状了。再后来，小S竟然在英语课上主动举手了。更没想到的是，偶尔一两次居然还能回答正确！我知道，他一定从同学们惊诧的目光中感受到了学习的快乐。

有一天，我接到了小S爸爸的电话，原来是他想了解一下孩子的学习状况。考虑到小S目前并不是太好的成绩，我迂回地夸奖了他的其他表现。而针对学习，我跟他爸说期中在即，那就等质量检测完再跟家长交流吧！我跟小S说了打电话的事情，他说在家里他最怕的就是爸爸。说实话，我实实在在地想找到小S学习上的闪光点，但是真的好难啊！加油吧！我跟他说：“下次你爸爸再打电话，我不得不实事求是地讲真话了。”记得一位作家说过，当一个人真正想做一件事时，全世界都会来帮你。从此，不再是小老师去找小S，而是多了小S缠着小老师们不放、刨根问底的场景。我们每天的交流时间偶尔会延长到20多分钟。

学校安排部分教干去山大附中跟岗学习一周，在离别前的班会上，我告诉大家老师暂时的离开是为了我们班更大的进步，希望老师不在的时间大家都能勤奋学习。在泉城跟岗学习的一周是短暂的，是漫长和充实的，也是牵挂的。牵挂我的班级我的学生，唯恐一些特别“皮”的学生整出点事情来。

回来前，我还担心小S会不会又退回到之前游手好闲、不思进取的状态。万万没想到，回来的第一节课上，他就给了我一个大大的惊喜——他竟然主动要求展示复述课文！要知道，对于一个连考及格都比较困难的学生，这简直就是一个不可能完成的任务！在小S并不算太熟练的展示过程中，即使有几处不够准确的发音，但我仍是不敢相信自己的眼睛！原来记单词都困难的孩子，何以会有如此大的进步呢？不仅如此，回来的一周里，小S几乎天天给我带来意想不到的惊喜。“老师老师，我记住了一些新单词。”“老师老师，我又背了一篇课文。”“老师老师，这是我昨天的英语作业。”……他的快乐写在脸上，我的欣喜印在心里。

“特别”学生身上的“小课题”突破，带来了班级整体的大变化。特别的关注改变了一个特别的他。每一个学生都是唯一而又独特的，但他们向真、向善、向美的心都是一样的。没有人不希望自己变得更好。但是，学习和成长绝不是一蹴而就的，它更像是一场马拉松。在对教育美好追求的师生双向奔赴中，我会尽可能地用“精准滴灌”的方式来助力学生的点滴成长，让学生做最美的自己。

第五章 学生视角

标新立异的儿童视界

眼中有爱，心中有光，目光所及，皆是美好。儿童清澈双眼里的“入班办公”故事别致精彩，睹师者育人，植内心感恩。携爱前行，奔赴下一场星辰大海！

和我们坐在一起的魏老师

张祺凡

那天早晨，我像往常一样来到教室，同学们三五成群地聚集在一起，好像是在偷偷讨论着什么，还对着教室后面指指点点。顺着他们的目光，我看到教室后面的角落里竟然多了一套办公桌椅。

我还没来得及向同学们打听情况，魏老师便走进了教室，他一边用手指着后面的办公桌，一边笑眯眯地说："以后我就在那里办公了。"

教室里"轰"的一下炸开了锅。

魏老师继续说道："从今天开始，我陪你们一起上课、下课，还能和你们一起聊聊天，你们是不是该欢迎我一下？"

同学们强忍着微笑，拍手鼓掌，可是一个个都忍不住耷拉着脑袋叹了一口气，还有人在窃窃私语：

"天哪，我们要失去自由了！"

"就是呀，下了课我们也轻松不了喽！"

……

就这样，魏老师正式成为教室的一分子了！

最初的几天，无论什么课，我们都战战兢兢，不敢有任何的小动作，总觉得有双眼睛盯着我们。

下课铃声响了，除了上厕所的，其他同学都小心翼翼，生怕有不合适的地方，被老师抓住挨批评。但是慢慢地，我们发现老师也会在课下主动走到同学们中间，参与同学们的话题和活动，这样我们的“戒心”也就慢慢放下了。

慢慢地，我们习惯了坐在教室角落的他。

魏老师时时关注着我们、关心着我们，看到哪位同学不舒服，魏老师会第一时间关心询问，听说哪位同学遇到麻烦，会随时出手相助。

有一次，班里一位同学和妈妈赌气，没吃早饭就来了学校，上课时肚子饿得咕咕叫，情绪也很低落。魏老师火眼金睛，发现她时不时地捂着肚子，一下子就看出了不对劲。了解情况后，先对她进行了教育，让她认识到不该和妈妈吵架赌气，然后又到校门口给那位同学买了早饭。这位同学感动得直落泪，中午回家还和妈妈道了歉。

从此以后，那位同学明显比以前改变了很多，比以前更加懂事，并且学会了主动帮助别人。

随着时间的推移，我们习惯了跟魏老师一起上课，一起聊天，感受到了他的一片苦心，也越来越喜欢这位和我们坐在一起的班主任。

我们一定会好好学习，注意安全，不让魏老师多操心。

我们的韩老师

赵梓旭

我的班主任是韩老师，给我印象最深刻的就是韩老师那犀利的眼神，如果你犯了错，她便将目光投向你，只是一瞬间，你就会觉得寒意流遍全身……当然，对于调皮捣蛋的我，经常被这股寒流“侵袭”。

当当当，上课铃响了！我像往常一样大步流星地冲进教室。我惊讶地发现在教室最后一排多了一套桌椅。我摸了摸脑袋，满脑子的小问号。难道我们班里又来了一位新同学？其他同学也在那里小声议论。就在这时，韩老师不慌不忙地走进教室。我赶紧挺直腰杆坐端正，可她并没有走向讲台，而是径直走到那一套桌椅旁坐了下来。这时候同学都不敢说话了，大家面面相觑，一头雾水。

“这难道就是我们的新同学吗？这不就是来盯梢的吗？唉！真是不敢想象！韩老师入驻教室，我们还有好果子吃吗？”我越想越害怕，心里“咯噔”一下，坐在座位上大气都不敢喘一下了。以前还能交头接耳，做做小动作，现在感觉后面总有一双眼睛在盯着我们，好像在告诉我们不听话就出去。于是，一开始，同学们上课都小心翼翼的，生怕表现不好，被韩老师发现。可是没坚持多久就得意忘形了，忘记了后面还有一双大眼睛在盯着我们呢！每当这时，韩老师都会轻轻咳嗽一声来提醒我们。就这样一天、两天，一周、两周过去了……慢慢地，同学们好像已经习惯了班里这位“新同学”，感觉也没有什么特别之处，只要上课好好听讲就可以了。

下课时，韩老师就静静地坐在座位上备课或批改作业。有一次，我鼓起了勇气向老师请教了课堂上没听明白的题目。韩老师温柔、细心地给我讲解了，还说我有听不明白的地方就主动询问，是一个有责任心、有上进心的同学。听到老师的这份鼓励，我的心里暖暖的。后来一到下课，就有许多的同学主动找老师请教问题，韩老师都耐心地一一讲解。有时韩老师还和我们一起做游戏，原来韩老师高兴的时候笑得那么开心，就像一个天真无邪的孩子一样。

有一天，我们看到韩老师脸色苍白，说话也是有气无力的。原来韩老师得了流感，发烧了。同学们都以为韩老师得请假休息了，没想到她依旧雷打不动地坐在那个角落。有时候上着课，韩老师都会剧烈地咳嗽起来，怕影响同学们，她就捂着嘴巴走出教室，等着平复了再回来。全班同学既心疼又感激，上哪里找到这么好的老师，我们还有什么理由上课不好好听讲呢？学习好了，将来受益的是我们自己呀！于是同学们有的悄悄给老师倒了热水，有的还给老师带来了感冒药……

同学们听着韩老师沙哑的声音，眼睛红润着，都在心里暗暗发誓：一定要好好学习！就这样，在韩老师孜孜不倦的教诲下，大家齐心协力，班里的学习氛围越来越浓郁了，同学们你追我赶，生怕自己落后！

韩老师，您是美的耕耘者，美的播种者。有了您，我们的教室里每天都充满春天般的希望！

因为在一起，我们更友爱

石娃芯义

“我们在寻找一个眼神，然后让微笑像空气一样；我们在寻找一个单纯，然后让感动像音符一样；我们在寻找一种温暖，然后让幸福像孩子一样。世界那么大，只要我们心在一起，爱会一步一步向上升，希望充满灿烂天地……”这首《心在一起》是我最喜欢的歌曲，自从班主任曾老师的办公桌搬进了教室，我感觉这首歌就是写给我们的。

六年级，我们迎来了一位新班主任。那天上课铃一响，我们都安静地坐在自己的位置上，眼睛齐刷刷地望向门口，满怀期待地等待着新老师的出现。突然一位个子高高，身材微胖，穿着朴素，手里还夹着几本教科书的男老师不紧不慢地走进教室，他站在讲台上和蔼地说道：“我是你们的新班主任，我姓曾，同学们以后可以喊我曾老师，希望咱们师生能够在这小学最后的阶段里互相帮助，共同学习，也希望通过我的努力，同学们可以更上一层楼。”

自从曾老师来了，他就把办公桌椅搬进了教室。

曾老师工作很努力，每天早上他都会早早地来到教室，和做值日的同学们一同打扫卫生。记得有一次轮到我擦黑板，因为个子比较矮，我费力地跳着去擦黑板上方。此时，一双温暖的大手接过了我手中的板擦，我一转头曾老师正微笑着望着我呢！

他拍拍我的头说："好好吃饭，快长大个子！"

他笑了，我也笑了。

在一起的时间长了，曾老师了解我们每一位同学的兴趣爱好，还会积极鼓励我们参加学校里组织的各项活动，运动会、"六一"汇演、科学小实验等等，每一位同学都在活动中收获了奖项，变得越来越自信！

有一次，连续两天我们都没有看见曾老师的身影，看着教室里老师空空的办公桌，同学们失落极了。

后来听人说，老师的母亲把腿摔断了，他在医院陪伴母亲治病。

还有人说，从此以后他的母亲就再也不能下床了。

同学们由疑惑到不安。

后来曾老师回来了，可是他的眼神黯淡了许多，在不经意间还能发现有泪光。

我们心疼极了。

我们商量每天要送给老师一个小惊喜。于是曾老师的办公桌上每天都会有一份我们的小心意：粉色的格桑花，金黄的小雏菊，温热的鸡蛋……慢慢地，老师眼神柔和了，我们也放心了。

面临小升初，曾老师为了减轻我们的压力，会给我们讲笑话，给我们买棒棒糖，也会请我们一起喝酸甜可口的柠檬水……

这就是我的老师。

他如太阳一般温暖，春风一样和煦，清泉一般甘甜。敬爱的曾老师，您从未向别人炫耀过，但那盛开的桃李就是对您最高的评价！

班里的新鲜事

张景哲

三月的清晨，惠风和畅，我迈着轻快的步伐走进教室，突然，教室最后面多出的一张桌子吸引了我的目光。

嗯？怎么回事，是班里要来新同学了？

很快，这张特殊的桌子上的物品否定了我的想法，它不同于教室里其他桌子，干净整洁的桌面、水杯、电脑，还有厚厚一沓作业本陈列其上。

到底是谁的桌子？

周围的同学也是一头雾水，他们都在左瞧右看，交头接耳。

随着班主任韩老师微笑地走进教室，谜底也被揭开了，原来是韩老师的办公桌。

大家迅速地围了过去，七嘴八舌地问了起来。老师只是微笑着说："以后我就入班办公陪着大家一起学习，都快回到座位上去吧，准备上课了。"

我怀着忐忑的心情回到座位，心里想着：这可得认真听讲了，绝对不能搞小动作、说悄悄话了，不然被班主任抓到，可要难看了！

在快步走进来的数学老师和韩老师相视一笑中，这节“特殊”的数学课开始了。

我挺直腰杆，集中精力，跟随老师讲课的节奏认真听讲。从一开始的不习惯，慢慢地我忘记了心里的担心，直到融入了老师所教授的知识里。

一阵清脆的铃声响起，这节特殊又平常的数学课结束了，没想到认真听讲起来连时间都过得这样快，真似诗中说的“读书不觉已春深，一寸光阴一寸金”啊！

因为有韩老师在，上课时不能集中精力的我，变得认真听讲起来；爱搞小动作、交头接耳的坏习惯也已改掉。有时韩老师也会和同学们一起回应上课老师，课堂上一片其乐融融的景象。课下同学之间的小小矛盾立刻就可以化解掉，没有了“打小报告”、互相赌气的事情，大家玩得也更加开心。

时间飞逝，距离韩老师入班办公已经几个月了。同学们从当初的新鲜和不知所措，到现在的习以为常，我们全班也在经历着蜕变。也欢迎大家走进我们的教室，感受班级的温馨。

教室后面的那个角落

邱先娴

“唉，教室后面那个角落里什么时候多了一个办公桌啊？”

“不知道啊？难道老师要来教室里办公吗？”

“真的啊？如果是真的话那太好了！”

……

一进教室，同学们就被教室右后角的一张办公桌吸引住了视线。

我进了教室，看到那个办公桌，心里边也不禁疑惑：老师到教室办公真的好吗？老师时时刻刻关注着我们，我们是不是一点自由也没有了？但是没过几天，我就打消了这种顾虑。

以前上课，我经常开小差，有时候还会和同桌传个纸条，说个悄悄话。现在王老师就坐在教室后面，同学们都谨慎了起来，课堂质量提高了很多。

随风潜入夜，润物细无声。王老师有一个我很喜欢的优点：别的老师上课时，她就会在教室后面静静地批阅作业，不时会抬头朝前方观望一会。若有不听课的学生，她会悄悄地走过去，轻轻地拍一下他的肩膀，绝不影响其他老师上课，说话的同学也会立马意识到自己的错误，端正坐姿，认真听讲。这一点使我对入班办公的王老师又多了几分喜欢。

几个月过去了，同学们逐渐适应了威严的王老师整日坐在教室后面那个角落，也时不时会去找她聊会天。每天早上走进教室，我们都会习惯性地望向那个角落，只要是看见王老师在，我们心里就觉得很踏实。

我们已经步入六年级的下学期，没多久就要离开母校，每每想起心中难免会有些不舍。这个我待了六年的美丽可爱的校园，这些谆谆教导我们的老师……让我实在舍不得离开。如今王老师入班办公，让我们在最后的小学时光里每天都和她在一起，给我们小学生活留下一段段美好的回忆！

每天上课前，我都会回头望望教室后的那个角落。我想等我上了初中后，回忆小学生活，一定会想起那个角落里默默办公的王老师，一定会想起那双轻轻拍打我肩膀的温暖大手，也一定会想起王老师课下与我们一起聊天的温馨画面……

班级新鲜事

邱怡铭

最近我们班发生了一件新鲜事，你想知道是什么吗？听我给你娓娓道来。

一、新奇

那天我们像往常一样进入教室，突然听到后排的同学大声喊起来："快来看，快来看！"同学们经不住好奇，纷纷凑上前去，呀！怎么多了一张崭新的办公桌和一把椅子？同学们你一言我一语地猜测起来。有的说不会有新同学吧，有的说肯定是特殊学生，也有的说不会是老师改作业的地方吧。

二、惊讶

就在我们议论纷纷的时候，王老师走进教室，他清了清嗓子说："同学们也看到了，我们班多了一张办公桌，那就是我以后办公的地方了。"

话音一落，同学们都惊得张大嘴巴，接着窃窃私语起来。王老师让我们安静下来，笑着说："大家做好准备，我以后就要和大家一起度过上学时间的每分每秒喽！"

三、忐忑

我们上完班主任的数学课，接下来是语文课。打完预备铃，语文老师一进教室，我们没有了往日的喧哗。原来班主任早就在东北角的办公区域等候多时了。

课上，我们都坐直了身体，静静地听老师讲课，我刚想回头和后桌说话，正好看到班主任那犀利的眼神，吓得我赶紧回过头来，端正坐姿，心想：不好，被老师发现了，这下糟了。

那节课讲的什么内容我都记不清了，只记住了王老师的眼神，心里忐忑不安。

下课后，果然不出我所料，王老师把我叫到他的办公桌前，原本以为他会给我一顿"竹丝炒肉"，没想到他语重心长地说："邱怡铭，上课看到我是不是害怕了？其实你怕的不是我，是纪律，说明你是对纪律规矩有敬畏之心的，老师很高兴，记住，老师在与不在，心里都要装着纪律，知道自己该干什么，不该干什么。"

我点了点头，明白了老师的良苦用心。

四、惊喜

王老师入班已经一月有余，上课时几乎没有学生敢说悄悄话或搞小动作，这既保证了课堂纪律，还大大提高了课堂的听课效果。即便是课间，我们也很少有在教室里追跑打闹的现象了。那些上课好动的、管不住自己的、爱说话的、爱搞小动作的同学，看到王老师坐在教室后面，坐姿便端正了，听课也认真了。

我们小学生习惯的培养，离不开老师们的陪伴和教育。相信在王老师的陪伴下我们班会更上一层楼。这就是我们班的新鲜事，你们班也有新鲜事吗？也可以跟我们一起分享啊！

教室里的办公桌

徐锦程

不知从何时起，教室后方的一角出现了一张崭新的桌子，它不像学生用的课桌，倒像老师用的办公桌。

这个大家伙的出现，让同学们惊讶不已，纷纷猜测它的用途，之后统一答案：可能是老师在这里临时办公吧。

随着美术老师走进教室，同学们开始欢呼雀跃，有几个班里的调皮鬼甚至拍起了桌子。

我皱了皱眉，准备捂上耳朵。手还没抬起来，教室里的喧哗声瞬间消失了。

只见同桌的眼睛瞪得老大，下巴都快着地了。

我顺着目光看过去，只见班主任陈老师站在门口，拿着几本教材，径直走向了后面的办公桌，开始办公。

班主任的出现让这一节本来要乱成集市的美术课，安静了不少。更有几个平常得不到老师关注的同学，想好好表现一下自己，积极回答美术老师的问题。他们这一带动，全班反应过来了，一个个争先恐后地举手。一节美术课，秩序井然。

下课了，陈老师回去拿了点东西，又坐回了老地方。这让几个本来打算在课间大展身手的“刺头”不敢再打闹了，上完厕所就坐回在位置上。老师笑了：“怎么，有老师和没老师差别这么大呀！”

那几个平常打打闹闹的同学，也红着脸“嘿嘿”笑了。有老师坐镇，课间安静了，我也能在这“风平浪静”的教室安心读会儿书了。

这天，陈老师一如既往地坐到了后面的办公桌上，与以往不同的是，老师的手里拿着一沓之前考试的卷子。下课时老师不知去哪里了，试卷却还在，同学们瞅着机会一拥而上，找自己的试卷。

这时，陈老师神不知鬼不觉地走到了大家后面，有几个同学看见了红着脸跑回了座位，只有四个同学还在翻卷子，一边翻一边大呼小叫。有一个同学找到了自己的卷子，像是考好了一蹦三尺高，猛一转身看见了正在朝自己微笑的老师，脸上的笑容顿时凝固了。老师让他们排成一列站在墙边，手举试卷。刚才还在翻抢试卷的几个同学一个个面红耳赤，惹得大家哈哈大笑。

还有一次预备铃响了，几个去上厕所的同学叫喊着冲进教室，带头的一个男生还大喊着：“西凉马超在此！”

后面几个也大声地叫着：

“我乃赵子龙！”

“张飞在此！”

“关云长是也！”

同学们狂笑起来，老师也忍俊不禁，一边笑一边说：“来来来，马上过来，让我见识一下几员猛将。”

几个同学灰溜溜地过去了，老师又笑了：“刚才还挺威风的，怎么战败了？”

大家笑得更厉害了。

老师在教室里办公，无非是想让我们在临近毕业考试的时间里能收心好好学习，准备大考。老师的良苦用心，让我们非常感动。

老师，谢谢您！

班上的“新同学”

徐艺轩

周一的早晨，发生了一件不寻常的事。

我哼着小曲走进教室，发现教室的后面突然出现了一张崭新的办公桌，桌上还有一台电脑。早就听老师说，他要进班和我们一起学习，今天不会就开始了吧？

“丁零零……”上课铃响了，我带着疑惑上完早读。一下课，同学们就你一言我一语地讨论起来，我们的脑子里都有一个大大的问号。这时，班主任，也是我们的数学老师李老师抱着一大摞作业本走进教室。随着老师一步一步迈向办公桌，我脑子中的问号也像黑板上的粉笔字一样，一点儿一点儿被擦去。

第一节课的铃声响了，英语课要开始了，可是李老师却在后面坐着纹丝不动，此时同学们一个个变得收敛起来：坐得歪歪扭扭的同学，好像被念了咒语一般端正了坐姿；刚想捂着嘴巴转头说悄悄话的同学欲言又止，赶紧扭头正视前方。一整节课，同学们激情满怀，紧跟老师的节奏，收获满满。

不知不觉下课铃声又响了，李老师站起来，边向我们招手边说：“谁有事情或者想请教老师问题，可以过来和我说一说，聊一聊！”

一瞬间，同学们身上“不协调”的动作变得自然起来，这一句话如同钥匙般打开了同学们的话匣子，纷纷走出座位，奔向老师，问东问西。

从这一天开始，每个同学都期待课后的十分钟，因为可以和李老师一起聊天，一起玩耍。

她这个“新同学”，不仅能监督同学们上课，让同学们的听课效率大幅度提高，还能时刻关注同学们的动态，及时给大家提供帮助。李老师的一句句话语如同夏日里的清风，吹走炎热，吹走同学们的烦恼，让我们这个大家庭更加温馨和谐。

我喜欢这位特殊的“新同学”！

欢迎您——老师！

孙佳

“嚯，教室里怎么添了张大桌子？”

“学校又要有什么新变动了？”

“不知道呀！”

“看样子是张办公桌。”

“会不会是班主任要入驻教室了？”

……

大早晨一踏入教室，同学们的议论之声就传入我的耳中，我顺着他们视线望去，果真看到个大惊喜。

就在此时，老师领着几位同学走了进来，抱着电脑，提着教案。等放好东西后，班主任郑重地在讲台上宣布：“从今天起，我就是咱班教室里的新成员了，同学们一定要注意言辞，上课保持安静。”

一番话结束，台下的同学们不少都在唉声叹气，只有极少部分的人脸上露出了微笑。不过我倒认为，“入班办公”这个想法还挺不错的。

自从班主任入驻教室办公后，整个教室内上课的氛围就完全大变样了。我所待的班级，同学们热情的性格中潜藏着几丝闹腾，因而有时小小的议论后往往控制不住局面，就变成了一大窝的喧闹，老师们上课时常要再多费几分心思维持纪律，效率自然就慢了下来。

现在和以前不同了，同学们有时想说话了，下意识先回一下头，看看班主任，要是班主任此刻也刚好抬眼，只需一个对视，立马转头坐好，半句话不敢多言，生怕自己被老师逮到后当典型事例。

久而久之，也就没有人敢在课上乱讲话了。

不仅仅是纪律上的增强，班主任入班办公也使我的成绩提高了不少。

我的位置处于最后一排，因为比较偏僻，所以走神一会儿也不会被发现，所以我也养成了一个坏习惯，偶尔听课时会走神。虽是身在教室，可心却不知道飘到哪个天边云际去了，这种状态的时间虽不长，却让我错过了很多知识点，且前后的思维连贯不起来，课下就要再多费些精力把课上讲的内容梳理一遍，使我不知白费了多少光阴。我尝试过改变，但是自己改正的效果却微乎其微。因此，这个问题成了我这一阶段中最大的困扰。

好在，没过多久，老师的办公桌刚好就移到了我的身后。上课，我又想走神，余光中一瞥，恰好看到班主任，顿时吓得我一激灵，脑袋像被冷水泼下，什么杂七杂八全被抛到了九霄云外，身子端正脚放平，全神贯注地听老师讲课。等下一次想走神时，又是同样的场景上线，这样反复被纠正，我慢慢地适应了精神高度集中的课堂，成绩有了进一步的提升。

由此可见，班主任入班办公，既带来安静的气氛，又帮学生克服掉了一些不好的毛病，实乃一招良计。

欢迎您——老师！

和李老师共同上课的日子

岳一

时光荏苒，岁月匆匆，六年的时光很快就要过去了，转眼间小学就要毕业了。小学的生活是难忘的，也是多姿多彩的。

独坐窗前，思绪伴随着窗外的微风与翻动的书页回到了那时。

清晨的阳光是柔和的，我和往常一样往教室的方向走去，一脚踏进教室，我就发现了教室的不同。咦？怎么多了张与众不同的桌子？教室里的同学开始七嘴八舌议论起来。

“大家安静，我说一件事。”李老师脸上笑容依旧平易近人，“从今天开始，老师就要陪大家一起上课了。”

这时，同学们发出了疑问：“为什么老师要和我们一起上课啊？”

李老师耐心地讲道：“所谓和大家一起上课呢，就是老师要在教室后面的那张桌子上办公，我成为大家的大同学了！”

此后的每节课，当我想把手伸进桌洞拿魔方的时候，我就感觉有一道目光一直盯着我，于是悄悄地坐端正；当我想转头和同桌说个悄悄话时，我又感觉那道目光还在盯着我，于是赶紧闭上了嘴巴……

渐渐地，我养成了认真听课的好习惯。

以前课间的时候，同学们总是打打闹闹的，吵闹声震耳欲聋，似乎要把积攒了一节课的能量释放出来。现在李老师在教室里办公，同学们都收敛了许多，看着老师在办公桌前看书、批阅作业，我们也学着她的样子都静静地坐在座位上，读书、预习课文。渐渐地，教室图书角的书变换得更快了，同学们之间的矛盾也减少了。有时候同学有不懂的问题就会到老师的办公桌前询问她，和老师见面说话次数多了，我们也觉得老师越来越亲切了。

此后的每个清晨，走进教室就会看到笑脸相迎的她，有时上着数学课我也会回头看一眼她，虽然只是随意一瞥，看着李老师坐在那里就会觉得心里暖暖的。

小学生活是多么让人不舍啊！尤其是和李老师一起的日子，她的微笑、她的话语、她伏案的背影已深深地烙印在我的心中，让我珍藏，永不忘怀！

美好的日子

杨海龙

雨后初晴，蔚蓝色的天空，一尘不染，晶莹透明的朵朵白云映照在分外澄澈的天空，我的心情也犹如这天气一般明媚。

我带着满怀的愉悦雀跃着来到教室，发现后排竟多了张桌子，我暗想着：莫非是有新同学要来？心头不禁蔓延出一丝丝期待。

等到上课，班主任却说从今天开始，她要在教室里面办公了。我这才意识到，没有新同学前来报道，后排的那张桌子是班主任陈老师的，心里虽是有些失落，但不免又生出一些新奇，我还未曾见过有老师直接在教室办公的呢！

上课时间到了，我们一个个都整整齐齐地在座位坐好，我平时上课有开小差的小毛病。课上到一半时，我不禁被窗外鸟儿的叫声吸引了过去，侧身一看，雨后的树青葱翠绿，两只小鸟在树枝间蹦跳，我忍不住伸长脖子，想起来多看几眼。突然想起陈老师就坐在教室后面，顿时心虚感从心头陡然升起，心里暗想着：千万别被班主任发现我上课三心二意。我又坐直了身子，抬头目视黑板，将溜走的思绪抓了回来，重新投入到课堂中。

这样一连几天过去了，我发现我的听课效率提高了不少，一节课下来，总能跟上老师的思路，在课上能记住的知识点也多了起来。我想，这样的进步肯定与陈老师坐在后面有着莫大的关系。

陈老师喜欢在我们写作业时在教室里走动，查看我们的学习状态，我也因此改正了许多坏毛病，比如我平时写作业总喜欢趴在桌子上写，陈老师走过的时候总是拍拍我的后背，于是我赶紧坐得端端正正的。此外，我发现课前迟到的同学慢慢变少了，大家似乎都在和陈老师赛跑，看谁先来到教室。

除了这些学习习惯的变化，我也发现同学们与陈老师的关系也变得亲近了不少。自从她搬来教室办公，我们总能看见她认真为我们备课、帮我们批改作业的模样，也渐渐地明白了老师的不易与辛苦。我们有时去找她聊天，与她分享一些趣事，她也很乐意倾听，听完了会说出自己的见解，也会同我们一起哈哈大笑。这样的班主任，仿佛成为了我们无话不谈的朋友，这感觉简直是妙极了！

总之，与陈老师在一起的日子是那么美好，马上就要暑假了，两个月不见，我得多么想念她呢！

老师来了

孙可馨

“老师来了！老师来了！”刚到教室门口就听到我们班的“小灵通”——李木子边跑进教室边大声嚷嚷。

我急忙拦住他，疑惑地问：“怎么啦？你怎么反应这么大？”

他神色慌张地大声嚷道：“不得了啦！不得了啦！胡老师要把办公桌搬进教室了！”

听到这个消息，有些同学拍手叫好，也有些同学面面相觑，不知所措。

胡大慧老师是我的班主任，自从她入班办公以来，我们每天都能看到她在教室里忙碌的身影。她总是早早进入教室，收拾办公桌，帮助值日生打扫卫生，然后站在门口迎接我们的到来，陪同我们开启一天的学习旅程。

课堂上的我们，精神抖擞，坐得端端正正，用自己最好的状态来面对每一节课。因为我们知道教室里不仅讲台上有一双眼睛，背后的办公桌后面也有一双“监控器”无时无刻不在盯着我们。你瞧，我们班的“小话痨”本来想和他的好朋友飞鸽传书，可是一转头却发现胡老师正以慈爱且严肃的目光注视着他，顿时转头——坐正——手放好，认真听课，手里的“飞鸽”也不得不立即塞进桌洞。

课下的我们也是秩序井然，不追逐打闹，爱说脏话的滑到嘴边又咽下去，也变得有礼貌、懂礼仪了。自从我们胡老师“入班”，我们班的纪律明显提升了一大截，我想以后的流动红旗非我们班莫属啦!

课上的胡老师一丝不苟、严肃认真，课下的胡老师不再是那“遥远的月亮”，而是我们生活中的好朋友。路过老师的办公桌，我们惊喜地发现她也和我们一样喜欢用可爱的水杯，喝甜甜的果茶。偶尔我们还会围坐在一起，来一次喝水的干杯仪式。一开始的时候我还会有些紧张，双手捧着装有满满果茶的水杯不住地颤抖，老师都会主动地与我们碰杯。慢慢地，我们像是约定好了一样，总是齐刷刷地起立站好，远远地伸出我们的小水杯去与老师的大水杯汇合，然后伴着笑声一饮而尽。这种小细节拉近了我们彼此的距离，让我们觉得老师不再是高高在上的，而是我们最亲爱的朋友。

你瞧，只要是下课铃声一响，同学们都会围在胡老师的身边，说说笑笑。我们同学之间有了矛盾，老师总是轻而易举地解决，一些可能发生的争吵、打架等现象也容易消失在萌芽中。

老师来了！老师来了！老师的陪伴温暖着我们可爱的童年，老师的关爱滋润着我们快乐成长。

润物无声　向美而行

刘大勇

“入班办公”的教育方式并非一时兴起，很多地区和学校都曾有过这样的尝试。对于这项举措，大家褒贬不一。支持的认为：班主任和任课教师一起监督课堂纪律，课堂效率提高了；课下由班主任看管，学生不追逐打闹了，不敢大声喧哗了。而反对的理由更多：在班主任的监督下，学生的个性被压抑；在班主任的监督下，任课教师上课放不开；班主任天天处于嘈杂的环境，影响办公效率。那这两种声音到底哪个对呢？且听我们的实践感悟。

一、实践感悟

中华优秀传统文化博大精深，为我们积累了5000多年的教育智慧。先不说“四书五经”等经典文献带给我们的深远影响，仅就离我们生活最近的传统中医来说，讲究的是整体观念和辨证论治。中医认为人体是一个整体，通常都是通过全身治疗来治疗某一部位的疾病，以整体思想、辨证思维来认识治疗疾病。

“入班办公”不是针对谁，而是让班主任在班级管理中，借鉴和引用中医四诊法——“望、闻、问、切”来了解学生，了解班级，把自己置身于学生中，用学生的思维习惯和语言来表达自己的思想，从而达到教育学生、指导学生的行为，激活学生、班级自身的潜能，创建一个积极向上、健康和谐的班集体。同时，学校以“入班办公”的深入推进为支点，从而撬动学校高质量、内涵式发展的杠杆，完成“三全”育人的落地。

“入班办公”由新生态教育发展研究院负责具体推进，各校区具体落地执行。作为院长，我亲自推动，并进行了实地调研，一个学期下来，几乎所有的担心都消除了。从而我们也深深地感悟到：

一个班就是一个整体，我们要有整体思想；每个同学都是一个个体，需要辨证论治，“望、闻、问、切”一样也不能少。

二、策略分享

“入班办公”，一个个精彩纷呈的瞬间，落诸笔端就是一个个感人的故事。阅读本书，您会感受到此项工作的成果，也会获得“入班办公”的实操策略。

首先是透过表象“望”其心。

班主任从不同的侧面，选择不同的观察点，多角度、多方位地进行细致深入的观察。了解学生在学习、生活、活动中的实际情况，从而及时、有效地开展教育工作。

课堂上，通过观察学生课堂学习习惯、参与情况、合作学习情况，特别是关注学生在不同学科中的表现差异，来做好观察记录，分析原因，综合各科表现制定帮教措施。

在课下，班主任在教室多走动，留心观察学生课间活动的团队合作、团队认同和活动内容，并对典型学生、典型特点做好观察记录，认真分析，制定解决问题的对策。

随时观察班委的威信和号召力，了解他们是否关心集体，是否有强烈的责任感；了解班级内各个班干部的引领作用发挥得如何；班干部与学生之间的关系是否协调、有无矛盾等。

同时观察了解班风是否良好，是否有正确的班级舆论、蓬勃向上的朝气、团结奋进的锐气，是否有强烈的集体荣誉感，是否有共同的奋斗目标等。

“入班办公”后，班主任要像中医“先生”那样学会“望”。

其次是耐心倾听“闻”其真。

多维度倾听来自各方面的声音是班级管理的一项重要举措。耐心倾听任课老师、班干部，尤其是学生的心声，是班主任充分了解学生情况的有效手段。

倾听任课教师的反映。通过任课教师，了解班级各学科的教学情况和学生的学习情况，了解各位老师对学生和班级的看法等，从而制定相应的管理措施。

倾听班干部的想法。班级各项活动由班干部带头组织、拟订方案，然后集体讨论、表决，老师旁听、点评、协助，做最后决策。在这一过程中，班干部可以更充分地了解同学们的所思所想，从而起到上传下达的作用。同时设立“班级信箱”，收集同学们的各种意见，定期召开班干部会议，及时处理。

聆听学生的倾诉。关注学生的语言特点、价值认同和素养发展水平，以学生的眼光去看“他的世界”，以学生的心情去体会“他的心情”，以学生的思维来思考“他的一切”。从学生的谈论中了解学生心中的想法，了解学生关心的事情。站在平等的地位上和学生进行沟通，向学生提出建议，而学生也更能接受来自平等的朋友式的建议和指导。

通过这些活动，实现了学生言其所想，教师“闻”其心声的目的。

再次是真心关怀“问”其想。

当学生思想有疙瘩时、学生之间产生矛盾时、学生遇到困难时、班级某种不良风气抬头时，班主任需要亲切、真诚地“问”，探究问题出现的细节，了解事件发生的原因、经过，通过“个性”表达问出学生的价值认同。

班主任还要问得准而巧，甚至是“明知故问”，让学生来谈想法，了解学生的发展需求、自我实现需求和眼前的客观需求。班主任借“问”话，把一些原本命令式的管理变成学生自主管理。

最后是把准脉象“切”其要。

“切”在运用的过程中，一定要分析。“入班办公”后，满眼是“事”。每件事都要有深入“病理”的分析，切中问题出现的本源，确定解决问题的策略。这些策略可以借助社会、家庭、网络和学校的合作，借用育人工具，并在实施过程中进行合理的正向评价。

“望、闻、问、切”四个环节不是孤立进行的，它是一个有机的整体，贯穿班级管理的始终，但有时也是穿插交错运用的。

班主任“入班办公”，走近学生身边，走进学生心中，更能发现学生的“惟一·唯美”，进而针对不同学生，分析综合表现，制定适宜的育人策略。

《我的入班故事》才刚刚开始，精彩继续！